200 Aufsatzübungen wie in der Schule

Deutsch 5.–10. Klasse

von
Claus Gigl, Jutta von der Lühe, Peter Hoffmann, Johannes Wahl

Klett Lerntraining

Autoren:
Claus Gigl – 5./6. Schuljahr
Jutta von der Lühe – 7./8. Schuljahr
Peter Hoffmann und Johannes Wahl – 9./10. Schuljahr

Bibliografische Information der Deutschen Nationalbibliothek
Die Deutsche Nationalbibliothek verzeichnet diese Publikation in der Deutschen Nationalbibliografie; detaillierte bibliografische Daten sind im Internet über http://dnb.d-nb.de abrufbar.

Auflage 5 4 3 2 | 2014 2013 2012 2011
Die letzten Zahlen bezeichnen jeweils die Auflage und das Jahr des Druckes.

www.klett.de/lernhilfen
Zeichnungen: Steffen Jähde, Berlin: S. 18, 38, 47, 48, 65, 72
Umschlagfoto: Fotolia LLC, Yuri Arcus, New York
Satz: Klaus Bauer, Bondorf
Reproduktion: Meyle + Müller GmbH + Co. KG, Pforzheim
Druck: Medienhaus Plump GmbH, Rheinbreitbach
Printed in Germany
ISBN 978-3-12-927218-3

Inhaltsverzeichnis

Schuljahr 7/8

Schuljahr 9/10

Schuljahr 9/10

Lösungen

Übersichten

Liebe Schülerin, lieber Schüler,

diese Situation kennst du bestimmt: Du sollst einen Aufsatz schreiben und weißt einfach nicht wie? Die Zeit in der Klassenarbeit rennt dir davon, und es steht immer noch nichts auf dem Papier? Keine Panik! Das Aufsatzschreiben kannst du lernen. Übung macht hier den Meister!

Dieses Buch bietet dir alles, was du für ein **zielgerichtetes** und **erfolgreiches** Aufsatz-Training brauchst. **200 abwechslungsreiche Aufsatzübungen** machen dich fit im Aufsatzschreiben und bereiten dich perfekt auf die nächste Klassenarbeit vor.

Ob Nacherzählung im 5. Schuljahr, Bericht im 7. Schuljahr oder Erörterung im 9. Schuljahr – **alle Aufsatzformen vom 5. – 10. Schuljahr** werden in den Übungen berücksichtigt. Im Inhaltsverzeichnis findest du unter den Doppelschuljahren 5/6, 7/8 und 9/10 **alle Themen**, die du üben kannst, **übersichtlich zusammengestellt**. Wenn du nicht ein ganzes Schuljahr komplett trainieren möchtest, wähle nur das Thema aus, das dir noch Probleme macht.

Ausführliche Lösungen und **Musteraufsätze** helfen dir, deine Ergebnisse selbstständig zu überprüfen.

Im hinteren Teil des Buches findest du außerdem **über 20 praktische Regel-Übersichten**, die **alles Wichtige zu jeder Aufsatzform** auf einen Blick zusammenfassen.

Schlechte Noten im Aufsatz? Das war einmal, das wirst du bald sehen!

Viel Erfolg und Freude beim Üben wünschen dir
deine Redaktion Klett Lerntraining und deine Autoren und Autorinnen!

So geht's!

Aufgabennummer
Die Aufgaben sind von 1 – 200 durchnummeriert. Die Lösungen zu den Aufgaben findest du unter der jeweils gleichen Nummer ab Seite 136.

Infozeile
Diese Zeile gibt an, was du in der Aufgabe übst.

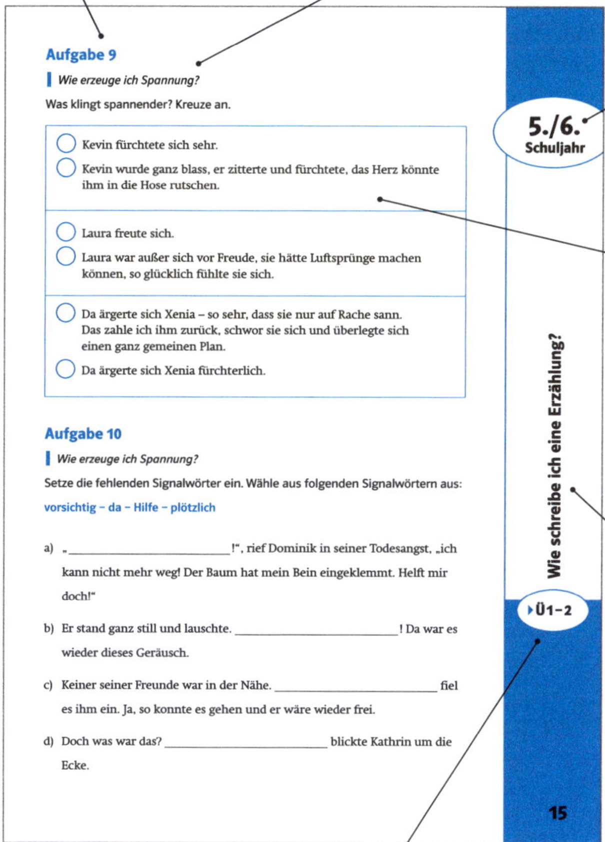

Aufgabe 9

| *Wie erzeuge ich Spannung?*

Was klingt spannender? Kreuze an.

◯ Kevin fürchtete sich sehr.
◯ Kevin wurde ganz blass, er zitterte und fürchtete, das Herz könnte ihm in die Hose rutschen.

◯ Laura freute sich.
◯ Laura war außer sich vor Freude, sie hätte Luftsprünge machen können, so glücklich fühlte sie sich.

◯ Da ärgerte sich Xenia – so sehr, dass sie nur auf Rache sann. Das zahle ich ihm zurück, schwor sie sich und überlegte sich einen ganz gemeinen Plan.
◯ Da ärgerte sich Xenia fürchterlich.

Aufgabe 10

| *Wie erzeuge ich Spannung?*

Setze die fehlenden Signalwörter ein. Wähle aus folgenden Signalwörtern aus:

vorsichtig – da – Hilfe – plötzlich

a) „______________!", rief Dominik in seiner Todesangst, „ich kann nicht mehr weg! Der Baum hat mein Bein eingeklemmt. Helft mir doch!"

b) Er stand ganz still und lauschte. ______________ ! Da war es wieder dieses Geräusch.

c) Keiner seiner Freunde war in der Nähe. ______________ fiel es ihm ein. Ja, so konnte es gehen und er wäre wieder frei.

d) Doch was war das? ______________ blickte Kathrin um die Ecke.

Schuljahr
Suche die Aufgaben heraus, die zu deinem Schuljahr passen.

Aufgaben
Abwechslungsreiche Aufgabentypen fordern unterschiedliches Vorgehen von dir und lassen keine Langeweile aufkommen.

Thema
Hier siehst du das Thema, zu dem die Aufgaben gehören.

Übersichten
Wenn du Hilfe beim Lösen der Aufgabe benötigst oder weitere Informationen zum Thema suchst, findest du hier einen Verweis auf die passende Übersicht (alle Übersichten ab Seite 212).

Die Übersichten sind von 1 – 23 durchnummeriert. Sie enthalten Regeln, Merkwissen, Tipps zur richtigen Vorgehensweise sowie Hinweise zu einzelnen Arbeitsschritten und Arbeitsmethoden.

▸Ü1–2

Aufgabe 1

Was möchte ich erzählen?

Welches Thema passt zu einer Erzählung? Kreuze an.

	passt	passt nicht
Wie backe ich einen Marmorkuchen?	◯	◯
Ein Tag als Hund	◯	◯
Was ich im Zoo erlebte	◯	◯
Bericht über den Unfall am letzten Donnerstag vor der Schule	◯	◯
Wie spiele ich Mensch-ärgere-dich-nicht?	◯	◯
Ein Dieb in unserer Schule!	◯	◯
Fast wäre ich überfahren worden!	◯	◯
Der verbrannte Kuchen	◯	◯
Kennzeichen eines Jagdhunds	◯	◯
Ein Erlebnis im Schwimmbad	◯	◯

Aufgabe 2

Was möchte ich erzählen?

Welcher Anfang gehört zu einer Erzählung?

a) Als ich gestern zur Schule kam, war schon einiges los: Die Polizei und die Feuerwehr waren da, der Direktor stand mit dem Hausmeister vor dem Fenster zum Zeichensaal, kein Schüler durfte ins Schulhaus. Was war da bloß geschehen?

b) Der Dackel ist ein Jagdhund, der besonders bei der Fuchsjagd eingesetzt wird. Er hat einen niedrigen Körperbau und einen guten Geruchssinn.

c) Das Mehl wird mit den Eiern und einer Tasse Milch so lange verrührt, bis kleine Luftblasen aufsteigen. Dann wird ein Esslöffel Zucker untergerührt, bis der Teig geschmeidig ist.

d) Thomas wollte es heute allen zeigen. Er bestieg das Zehnmeterbrett, ging, ohne mit der Wimper zu zucken, nach vorne, warf keinen Blick nach links oder rechts und sprang kopfüber ins Becken.

Zu einer Erzählung gehören Anfang a) ◯ b) ◯ c) ◯ d) ◯

Aufgabe 3

Methodentraining: Einen Cluster erstellen

Wenn du zu einem bestimmten Thema eine Erlebniserzählung, eine Fantasiegeschichte oder einen Brief schreiben willst, musst du dir genau überlegen:

- Was muss der Leser unbedingt erfahren, um die Geschichte zu verstehen?
- Womit kann ich dieses **Gerüst** einer Erzählung ausschmücken, damit die Geschichte lustiger, spannender oder einmaliger wird?
- Was ist der **Höhepunkt** dieser Erzählung, also das Ereignis, weswegen ich die Geschichte erzähle?
- Womit kann ich die Geschichte beginnen, um sie von Anfang an spannend zu machen und auf den Höhepunkt hinzuführen?

Am einfachsten ist es, wenn du dir einen Stichwortzettel anlegst und spontan alle Einfälle um das Thema herum notierst. So entsteht ein Cluster. Er hat den Vorteil, dass du zwischen die Begriffe schreiben und neue Ideen festhalten kannst.

Ergänze folgenden Cluster zum Aufsatzthema „Ein Erlebnis mit einem Außerirdischen“. Wähle dazu aus den vorgegebenen Stichwörtern und Sätzen die vier, die zu dieser Erzählung passen, aus.

a) Das glaubt mir niemand!
b) Ein Hund bellt laut.
c) Mama ruft: „Ich gehe jetzt zur Arbeit!“
d) Was bekomme ich wohl geschenkt?
e) Ist eine Wespe in meinem Zimmer?
f) Ich putze mir die Zähne.
g) Es war ein schöner Schultag.
h) Ein Außerirdischer!

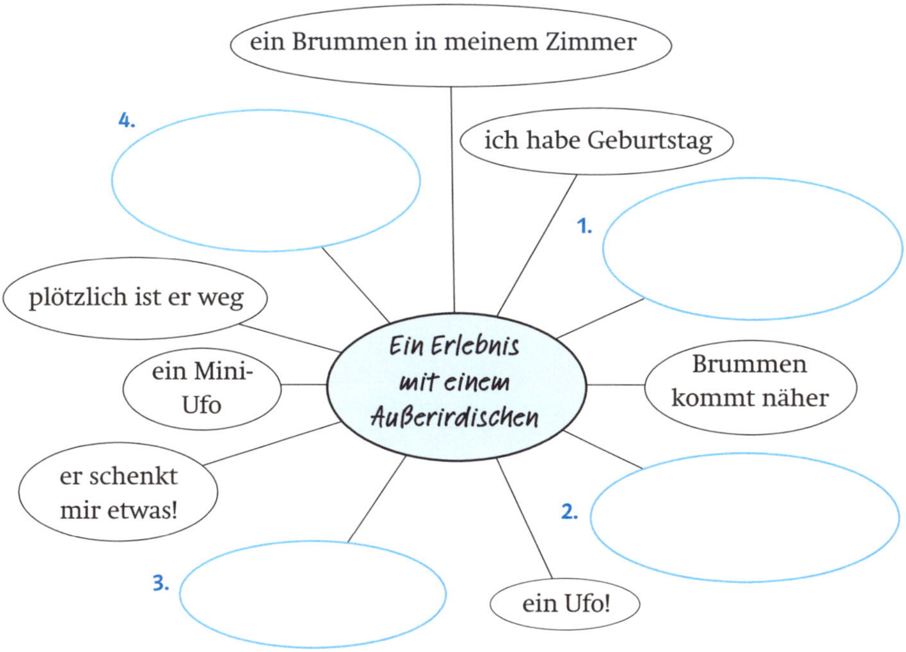

▸Ü1–2

Aufgabe 4

Einen Schreibplan anlegen

Benni soll als Hausaufgabe eine Erlebniserzählung zum Thema „Ein Erlebnis mit meinem Haustier" schreiben. Die Erzählschritte hat er schon notiert, doch sie sind alle durcheinandergeraten. Nummeriere du sie, sodass sie die Grundlage für eine spannende Erzählung bieten.

◯ Eines Abends kam Minou nicht, wir sorgten uns alle sehr: Hoffentlich ist ihr nichts passiert!

◯ Sie gehörte bald zur Familie, tagsüber war sie draußen, nachts kam sie nach Hause.

◯ Schon lange wünschte ich mir eine Katze, zum Geburtstag bekam ich Minou.

◯ Am nächsten Tag saß sie vor der Haustüre – mit einer Maus im Maul! Wir freuten uns alle und verziehen ihr, auch wenn sie uns um den Schlaf gebracht hatte.

◯ Schließlich gingen wir ins Bett, wir hatten die Hoffnung aufgegeben, Minou wiederzufinden.

◯ Als es ganz finster war, beschlossen wir nach Minou zu suchen: im Garten, in der Straße, in der ganzen Siedlung. Aber ohne Ergebnis!

▸Ü1–2

Aufgabe 5

Einen Schreibplan anlegen

Welchen Erzählschritt sollte Benni zum Höhepunkt ausgestalten?

Schreibe die Nummer hier auf: ______

Aufgabe 6

Einen Schreibplan anlegen

Welche Erzählschritte gehören in die Einleitung, welche in den Schluss?

In die Einleitung gehört der Erzählschritt ______.

In den Schluss gehört der Erzählschritt ______.

Aufgabe 7

Aus welcher Sicht muss ich erzählen?

Oft – aber nicht immer – gibt das Thema schon vor, aus welcher Sicht (Ich-Sicht oder Er/Sie-Sicht) du deine Erzählung schreiben sollst. Kreuze neben den Themen die geforderte Sichtweise an.

	Ich-Sicht	Er/Sie-Sicht
Mein schönster Wandertag	○	○
Als ich einmal Pech hatte	○	○
So ein Unglück!	○	○
Kathrins erster Schultag	○	○
Was ich als Maus erlebte	○	○

Ü1–2

Aufgabe 8

Aus welcher Sicht muss ich erzählen?

Wer erzählt in den folgenden Textauszügen? Ist es der Ich-Erzähler oder der Er/Sie-Erzähler? Schreibe es unter den jeweiligen Abschnitt.

a) Plötzlich näherte sich der Gepard! Ich hatte doch schon in der Schule gelernt, dass Geparden die schnellsten Tiere sind. Wie sollte ich da bloß fliehen?

___

b) Tim und Lukas standen sich zum Zweikampf bereit gegenüber: regungslos, kein Flackern in den Augen, aber angespannt, auf das Äußerste angespannt. Was sie wohl dachten? Man sah es ihnen nicht an. Sie waren starr vor Anspannung.

___

c) Und als sich die Schlange plötzlich auf mich zu bewegte, dachte ich entsetzt: Wenn nur jemand dieses Untier aufhalten könnte!

___

Ü1–2

Aufgabe 9

Wie erzeuge ich Spannung?

Was klingt spannender? Kreuze an.

◯ Kevin fürchtete sich sehr. ◯ Kevin wurde ganz blass, er zitterte und fürchtete, das Herz könnte ihm in die Hose rutschen.
◯ Laura freute sich. ◯ Laura war außer sich vor Freude, sie hätte Luftsprünge machen können, so glücklich fühlte sie sich.
◯ Da ärgerte sich Xenia – so sehr, dass sie nur auf Rache sann. Das zahle ich ihm zurück, schwor sie sich und überlegte sich einen ganz gemeinen Plan. ◯ Da ärgerte sich Xenia fürchterlich.

Aufgabe 10

Wie erzeuge ich Spannung?

Setze die fehlenden Signalwörter ein. Wähle aus folgenden Signalwörtern aus:

vorsichtig – da – Hilfe – plötzlich

a) „ ______________________________!", rief Dominik in seiner Todesangst, „ich kann nicht mehr weg! Der Baum hat mein Bein eingeklemmt. Helft mir doch!"

b) Er stand ganz still und lauschte. ______________________________! Da war es wieder dieses Geräusch.

c) Keiner seiner Freunde war in der Nähe. ______________________________ fiel es ihm ein. Ja, so konnte es gehen und er wäre wieder frei.

d) Doch was war das? ______________________________ blickte Kathrin um die Ecke.

Aufgabe 11

Anschaulich erzählen: Passende Verben verwenden

Überlege, welche anderen Verben dir für „sagen“, „gehen“ und „sich freuen“ spontan einfallen. Trage sie in die Wortfeldcluster ein.

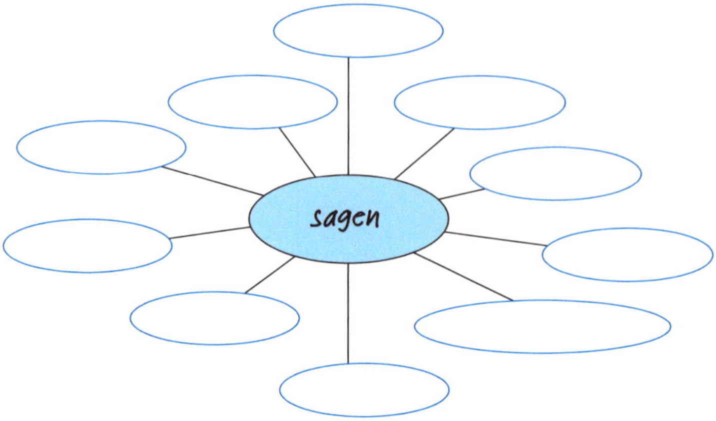

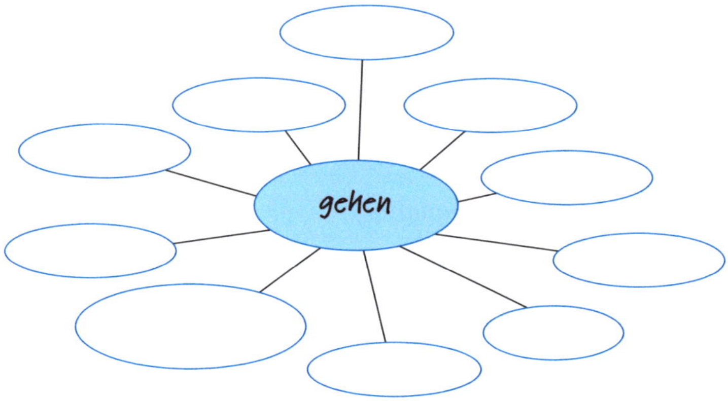

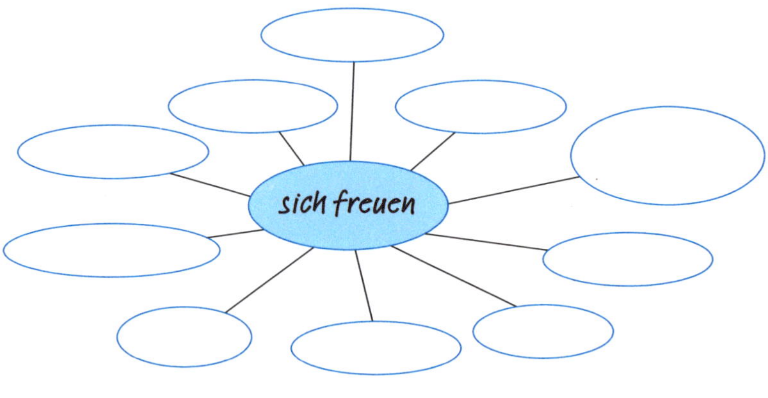

Ü1–2

Aufgabe 12

Anschaulich erzählen: Passende Verben verwenden

Füge in die Sätze passende Verben ein. Aus den unten stehenden Verben kannst du auswählen. Aber Vorsicht! Von allen Verben ist die Infinitivform angegeben, die richtige grammatische Form musst du selbst finden.

tadeln – prahlen – jammern – bitten – schimpfen – antworten

a) „Lass mich doch ins Kino gehen", ____________________ Tanja ihren Vater.

b) „Ich traue mich abends nicht mehr in den Keller", ____________________ Marie ängstlich.

c) „Du sollst doch bei diesen Temperaturen nicht ohne Mütze aus dem Haus gehen!", ____________________ Tante Carola.

d) „Bekomme ich ein Eis?", fragte Hanna. „Erst nach dem Abendessen", ____________________ ihre Mutter.

e) „Ich bin der schnellste Sprinter in unserer Klasse", ____________________ Julian.

f) „Immer muss ich den Abfall runterbringen!", ____________________ Emily erbost.

Ü1–2

Aufgabe 13

Anschaulich erzählen: Treffende Adjektive finden

In dieser Wörterschlange haben sich zehn Ersatzwörter für „interessant“ versteckt. Finde sie und schreibe sie auf.

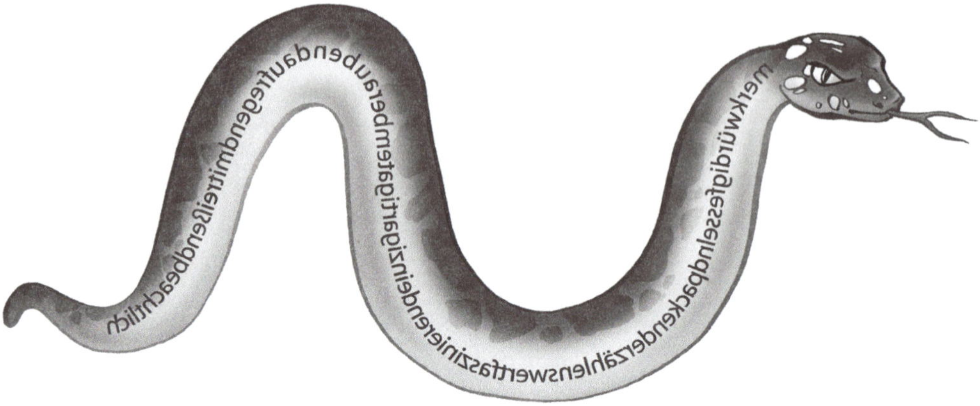

Aufgabe 14

Anschaulich erzählen: Treffende Adjektive finden

Füge die passenden Adjektive ein. Sie ergeben sich aus dem Silbenrätsel.

auf – in – mer – merk – misch – ne – reg – res – risch – sa – siert – stür – te

a) Daniel ist ein ______________________ Schüler.

b) Mit dem Wetter hatten wir kein Glück. Es war ______________________ und ______________________.

c) Claudia ist an mathematischen Problemen immer ______________________.

▸Ü1–2

Aufgabe 15

Methodentraining: Ein Wörterbuch verwenden

In einer Erzählung wie in jedem Aufsatz kommt es auf die Wortwahl an. Doch die richtigen Worte zu finden, ist nicht immer ganz einfach. Besonders den Übungsaufsatz solltest du dazu nutzen, möglichst exakt zu benennen, was du darstellen willst – und im Übungsaufsatz kannst du auch Hilfsmittel verwenden, die du in der Klassenarbeit nicht heranziehen darfst. Solche Hilfsmittel sind Wörterbücher. Wenn du gern am Computer arbeitest, kannst du auch im „Thesaurus" nachschauen.

Suche in einem Wörterbuch oder in einem Thesaurus je drei Ersatzformen für Verben oder Adjektive, die du in der Erzählung oft brauchst.

a) **sich fürchten** ____________________

b) **sich freuen** ____________________

c) **zweifeln** ____________________

d) **schnell** ____________________

e) **laufen** ____________________

f) **ängstlich** ____________________

Ü1–2

▸Ü1–2

Aufgabe 16

Methodentraining: Ein Wörterbuch verwenden

Suche nun nach je einem Wort, das das Gegenteil ausdrückt.

a) sich fürchten ______________________

b) sich freuen ______________________

c) zweifeln ______________________

d) schnell ______________________

e) laufen ______________________

f) ängstlich ______________________

Aufgabe 17

Gefühle ausdrücken

In welchen Sätzen werden die Gefühle nur genannt, in welchen werden sie erzählt? Kreuze an.

	Gefühle werden genannt	Gefühle werden erzählt
Da freute sich Daniel. So ein Glück hatte er selten! Noch nie hatte er den Haupttreffer bei der Tombola gezogen!	○	○
Nicole war ärgerlich, weil Nadine schon wieder keine Zeit für sie hatte.	○	○
Oje, dachte ich, wieder muss ich vorturnen. Dabei hasse ich Reckturnen!	○	○

Aufgabe 18

Gefühle ausdrücken

Die Bildgeschichte zeigt das Geschehen, die äußere Handlung. Ergänze in den Leerzeilen die innere Handlung, also die Gedanken und Gefühle der Figuren.

▸Ü1–2

5./6. Schuljahr

Wie schreibe ich eine Erzählung?

▸Ü1–2

Aufgabe 19

Abwechslungsreiche Satzgestaltung

Schreibe den folgenden Text an den farbig hervorgehobenen Stellen so um, dass er abwechslungsreicher klingt. Verbinde die Sätze, wo es nötig ist, und verändere die Stellung der einzelnen Satzglieder.

Am ersten Abend lagen meine Schwester und ich in unseren Betten und versuchten einzuschlafen. **Wir waren auf der langen Autofahrt müde geworden. Wir schreckten plötzlich beide hoch:** Hatte sich nicht eben vor unserem Fenster etwas bewegt? **Ich versuchte Lisa zu beruhigen. Wir legten uns wieder zum Schlafen. Die Ruhe hielt nur wenige Minuten. Wir hörten ein Furcht erregendes Geheul.** Lisa flüsterte mir voller Angst zu: „Das ist ein Gespenst! Gerade eben ist es am Haus vorbeigeschlichen und jetzt heult es auch noch! Das ist sicher ein Gespenst!" **Mir war das alles auch nicht geheuer. Weil ich die Ältere war,** tröstete ich Lisa: „Aber Lisa, sei doch nicht dumm, es gibt doch keine Gespenster." **Lisas Angst ließ nach. Wir versuchten beide wieder einzuschlafen.** In diesem Augenblick kam ein ohrenbetäubender Lärm von der **Terrassentür. Jemand wollte sie anscheinend mit Gewalt öffnen.** „Papa, Mama, kommt schnell! Ein Gespenst will uns holen", rief Lisa voller Angst. Lisa war kreidebleich im Gesicht. Da stand Papa schon im Zimmer, machte Licht und fragte: „Was brüllt ihr denn so, was ist denn los?" „Papa, ein Gespenst will in unser Zimmer, wir haben es gesehen, und geheult hat es auch", versuchte ich die Situation zu erklären. Glaubte ich doch selbst inzwischen fest an das Gespenst!
„Ach, so ein Unsinn", lachte Vater, „nirgendwo ist ein Gespenst! Es kommt allerdings gleich ein Gewitter. Der Sturm hat die Äste vor eurem Fenster bewegt. Er hat so fest um das Haus geblasen, dass ihr dachtet, ein Gespenst heult! Und was ihr an der Terrassentür gehört habt, war nur das Klappern der Fensterläden."
Als Vater das erklärte, wurde Lisa und mir plötzlich klar, was für Angsthasen wir doch waren. **Wir schämten uns fast ein wenig. Wir legten uns wieder ins Bett und schliefen ein.**
Aber vor allem waren wir froh, dass es wirklich keine Gespenster gibt.

Aufgabe 20

Wörtliche Rede gestalten

Ergänze in den folgenden Sätzen die Anführungszeichen.

a) Das kann ich nicht glauben , meinte Maxi .

b) Spinnst du ? , rief Christina erbost , das kannst du doch nicht machen !

c) Und wenn du hundertmal älter bist , maulte Paula , du hast nicht immer Recht .

d) Marcia rief : Dann bin ich wieder die Letzte !

Aufgabe 21

Eine passende Überschrift finden

Begründe, warum folgende Überschriften für eine Erlebniserzählung ungeeignet sind:

a) Was ich als Papagei erlebte

Begründung: ______________________________

b) Ein Hund unterm Weihnachtsbaum

Begründung: ______________________________

c) Wie man Spaghetti Bolognese kocht

Begründung: ______________________________

d) Super!

Begründung: ______________________________

e) Warum ich letzten Sommer die Mutprobe meiner Gang nicht bestanden habe.

Begründung: ______________________________

▸Ü1–2

Aufgabe 22

Nacherzählen

Erzähle folgende Fabel möglichst exakt nach. Lies sie dazu mindestens zweimal genau durch und klappe dann dieses Buch zu. Schreibe deine Nacherzählung.

Zeus und das Pferd

Vater der Tiere und Menschen, so sprach das Pferd und nahte sich dem Throne des Zeus, man will, ich sei eines der schönsten Geschöpfe, womit du die Welt gezieret, und meine Eigenliebe heißt mich es glauben. Aber sollte gleichwohl nicht noch verschiedenes an mir zu bessern sein? –
Und was meinst du denn, daß an dir zu bessern sei? Rede, ich nehme Lehre an: sprach der gute Gott und lächelte.
Vielleicht, sprach das Pferd weiter, würde ich flüchtiger sein, wenn meine Beine höher und schmächtiger wären; ein langer Schwanenhals würde mich nicht verstellen (= entstellen); eine breitere Brust würde meine Stärke vermehren; und da du mich doch einmal bestimmt hast, deinen Liebling, den Menschen zu tragen, so könnte mir ja wohl der Sattel anerschaffen sein, den mir der wohltätige Reiter auflegt.
Gut, versetzte Zeus; gedulde dich einen Augenblick! Zeus, mit ernstem Gesichte, sprach das Wort der Schöpfung. Da quoll Leben in den Staub, da verband sich organisierter Stoff; und plötzlich stand vor dem Throne – das häßliche Kamel.
Das Pferd sah, schauderte und zitterte vor entsetzendem Abscheu.
Hier sind höhere und schmächtigere Beine, sprach Zeus; hier ist ein langer Schwanenhals; hier ist eine breitere Brust; hier ist der anerschaffene Sattel! Willst du, Pferd, daß ich dich so umbilden soll?
Das Pferd zitterte noch.
Geh, fuhr Zeus fort; diesesmal sei belehrt, ohne bestraft zu werden. Dich deiner Vermessenheit aber dann und wann reuend zu erinnern, so daure du fort, neues Geschöpf – Zeus warf einen erhaltenden Blick auf das Kamel – und das Pferd erblicke dich nie, ohne zu schaudern.

Gotthold Ephraim Lessing (1729 – 1781)

Aufgabe 23

Erlebniserzählung – Fantasieerzählung

Welcher der folgenden Sätze gehört zu einer Erlebniserzählung, welcher zu einer Fantasiegeschichte?

a) Laura wollte ins Kino gehen, doch damit war ich gar nicht einverstanden. „Gehen wir doch lieber zur Koppel, du wolltest doch schon lange mal auf Schneeflocke reiten“, schlug ich vor.

b) Herr Mittermeier hat mich schon so oft geärgert – heute wollte ich ihn ins Bein beißen. Als Pudel darf ich das ja, dachte ich.

c) „Du willst doch den Kleber nicht auf den Stuhl von Frau Strunz geben!“, rief ich erschreckt, „das ist doch unsere netteste Lehrerin.“

d) Gab es da viele Knöpfe und Schalter! Ich kannte mich überhaupt nicht aus. Ich musste doch noch nie ein Ufo steuern!

Zu einer Erlebniserzählung gehören Satz:

a) ◯ b) ◯ c) ◯ d) ◯

Zu einer Fantasiegeschichte gehören Satz:

a) ◯ b) ◯ c) ◯ d) ◯

▸Ü 2

5./6. Schuljahr

Verschiedene Formen der Erzählung

▸Ü 2

Aufgabe 24

Erlebniserzählung – Fantasieerzählung

Bei welchem Thema musst du eine Erlebniserzählung (E), bei welchem eine Fantasieerzählung (F) schreiben? Kreuze an.

	E	F
Juhu, ich kann fliegen!	○	○
Ein Schultag, den ich nie vergesse	○	○
Wie ich als Elefant erwachte	○	○
Als ich einmal große Angst hatte	○	○
Was ich als Katze erlebte	○	○
Als ich eines Tages als Zwerg erwachte	○	○
Mit meinen Eltern auf dem Minigolfplatz	○	○
Das doppelte Geburtstagsgeschenk	○	○
Ein Tag bei den Steinzeitmenschen	○	○
Reifenpanne auf der Urlaubsfahrt	○	○

Aufgabe 25

Erlebniserzählung – Fantasieerzählung

Thomas ist bei seiner Erlebniserzählung ein schwerwiegender Fehler unterlaufen: Einige Sätze passen nicht in die Erlebniserzählung, sondern gehören in eine Fantasiegeschichte. Welche Sätze sind das? Unterstreiche sie.

Ich hatte mich gerade vom Schnee gesäubert, als ich bemerkte, dass ich einen meiner Skistöcke bei dem Sturz verloren hatte. Ich schaute mich um, doch er lag nicht in Sichtweite. Wo war er bloß? Da stand plötzlich ein Rentier neben mir. „Kann ich dir helfen?“, fragte es mich. Ich wollte ihm gerade von meinem Verlust berichten, da war es auch schon wieder weg. Plötzlich sah ich meinen Stock, der einige Meter unter mir mitten am Hang lag. Ich rutschte hin, hob ihn auf und …

Aufgabe 26

Reizwortgeschichte – Weitererzählen – Ausgestalten eines Erzählkerns

Nur einer der beiden Höhepunkte passt gut zu den Reizwörtern:

Geburtstagsparty – Hot-Dog-Essen – Blut

Welcher ist es?

a) Es war beim Hot-Dog-Essen auf Jasminas Geburtstagsparty. Gerade als Lucy in ihr Hot Dog beißen wollte, merkte sie, dass sie Nasenbluten bekam. „Ich lege mich kurz hin", beschloss sie, „bis das Blut zum Stillstand gekommen ist. Fangt ruhig schon ohne mich an zu essen." Das taten die Freundinnen dann auch.

b) Der Höhepunkt meiner Geburtstagsparty war das Hot-Dog-Essen. Ich richtete zusammen mit meinem Freund Leon in der Küche die Brötchen mit Wurst und Ketchup her. Dann trugen wir sie in mein Zimmer, wo die anderen Freunde schon begierig darauf warteten. Marcel stürzte sich als Erster auf den Teller, nahm ein Hot Dog, biss fest hinein – und spritzte sich den Ketchup ins Gesicht. „O je", schrie er auf, „jetzt habe ich den ganzen Ketchup in der Nase!" Er wollte ins Badezimmer laufen, um alles abzuwaschen, da traf er in der Tür auf meine Mutter, die den Schrei gehört hatte und nachsehen wollte, was passiert war. „Um Gottes Willen, du Ärmster, du bist ja voll Blut. Hast du Nasenbluten?" rief sie. „Warte, ich hole dir sofort einen Eisbeutel." In diesem Moment brach Marcel in lautes Gelächter aus. Meine Mutter schaute ganz verständnislos.

Die Reizwörter passen besser zu Höhepunkt: a) ◯ b) ◯

Aufgabe 27

Reizwortgeschichte – Weitererzählen – Ausgestalten eines Erzählkerns

Welche Informationen kannst du diesem Erzählkern entnehmen?

> AUGSBURG (eigene Meldung) Ingrid Meier rettete am Heiligen Abend einer jungen Katze das Leben. Als sie von der Mitternachtsmesse heimging, hörte sie vom Haus des Bäckers ein lautes Geschrei, das ihr merkwürdig vorkam. Sie ging dem seltsamen Geräusch nach und entdeckte am Dachfirst der Bäckerei eine junge Katze, die sich nicht mehr nach unten traute. Sofort rief sie über Handy die Feuerwehr, die die Katze aus ihrer Notlage befreite.

Wer? ______________________

Wann? ______________________

Wo? ______________________

Was geschah? ______________________

____

____

____

____

____

____

____

▸Ü 2

Aufgabe 28

Reizwortgeschichte – Weitererzählen – Ausgestalten eines Erzählkerns

Lies folgenden Erzählanfang gründlich.

Am ersten Abend lagen meine Schwester und ich in unseren Betten und versuchten einzuschlafen, da wir auf der langen Autofahrt müde geworden waren. Plötzlich schreckten wir beide hoch: Hatte sich nicht eben vor unserem Fenster etwas bewegt? Ich versuchte Lisa zu beruhigen, und so legten wir uns wieder zum Schlafen. Die Ruhe hielt nur wenige Minuten, da hörten wir ein Furcht erregendes Geheul. Lisa flüsterte mir voller Angst zu: „Das ist ein Gespenst! Gerade eben ist es am Haus vorbeigeschlichen und jetzt heult es auch noch! Das ist sicher ein Gespenst!" Mir was das alles auch nicht geheuer, doch weil ich die Ältere war …

Diese Erzählung endet an einer spannenden Stelle. Wenn du sie zu Ende erzählen willst, musst du zuvor klären:

a) Welcher Erzähler hat den Anfang geschrieben? Welche Erzählperspektive musst du also beibehalten?

___

b) In welcher Zeitstufe (Tempus) ist der Erzählanfang geschrieben? Auch diese musst du beibehalten.

___

c) Welche Teile der Erzählung fehlen? Was musst du ergänzen?

___

d) Schreibe nun die Teile der Erzählung, die fehlen, in dein Übungsheft.

e) Gib der Erzählung eine passende Überschrift. Notiere sie hier:

___

▸Ü 2

Aufgabe 29

Bildergeschichte

Welche Handlungsschritte kannst du in der folgenden Bildergeschichte erkennen? Schreibe sie auf.

▸Ü 2

Handlungsschritt 1: ______

Handlungsschritt 2: ______

______

Handlungsschritt 3: ______

______

Handlungsschritt 4: ______

______

Handlungsschritt 5: ______

______

Handlungsschritt 6: ______

______

Aufgabe 30

Bildergeschichte

Welche Bilder bzw. welche Handlungsschritte aus Übung 1 musst du zum Höhepunkt ausgestalten?

Die Bilder bzw. Handlungsschritte Nr. ______

Aufgabe 31

Bildergeschichte

Welche Gedanken und welche Gefühle musst du am Höhepunkt dieser Bildgeschichte darstellen? Betrachte dazu die betreffenden Bilder noch einmal ganz genau.

______

______

______

Aufgabe 32

Bildergeschichte

Gib dieser Geschichte nun eine passende Überschrift:

Aufgabe 33

Bildergeschichte

Schreibe die vollständige Bildgeschichte in dein Übungsheft.

Aufgabe 34

Umschreiben und Fortsetzen von literarischen Texten

In Fabeln ist immer eine ganz bestimmte Lehre formuliert. Welche Lehre könnte das in der folgenden Fabel des griechischen Dichters Äsop sein?

Der Rabe und der Fuchs

Nachdem ein Rabe ein Stück Fleisch gestohlen hatte, ließ er sich auf einem Baum nieder. Ein Fuchs sah ihn und wollte das Fleisch haben. Er stellte sich unter den Baum und rühmte den Raben wegen seiner Größe und Schönheit. Er fügte noch hinzu, dass ihm vor allen anderen die Herrschaft über die Vögel zustehe. Und dies könne auf jeden Fall Wirklichkeit werden, wenn er auch eine schöne Stimme habe. Als der Rabe dem Fuchs zeigen wollte, dass er auch eine schöne Stimme habe, ließ er das Fleisch fallen und begann, laut zu krächzen.

Welche Eigenschaften oder Verhaltensweisen der beiden Tiere weisen auf die Lehre voraus? Schreibe sie auf.

Beim Raben:

Beim Fuchs:

Notiere die Lehre dieser Fabel:

Aufgabe 35

Umschreiben und Fortsetzen von literarischen Texten

Erzähle die Fabel von Äsop nun zu Ende.

Aufgabe 36

Umschreiben und Fortsetzen von literarischen Texten

Forme das Gedicht von Wilhelm Busch in eine Erlebniserzählung um. Stell dir vor, der Frosch hätte sich nach dem Sturz auf den harten Erdboden langsam wieder erholt. Erzähle das Ereignis aus seiner Sicht.

Fink und Frosch

Im Apfelbaume pfeift der Fink
Sein: pinkepink!
Ein Laubfrosch klettert mühsam nach
Bis auf des Baumes Blätterdach
Und bläht sich auf und quackt: „Ja ja!
Herr Nachbar, ick bin och noch da!"

Und wie der Vogel frisch und süß
Sein Frühlingslied erklingen ließ,
Gleich muß der Frosch in rauhen Tönen
Den Schusterbaß dazwischen dröhnen.

„Juchheija heija!" spricht der Fink.
„Fort flieg ich flink!"
Und schwingt sich in die Lüfte hoch.

„Wat!" ruft der Frosch, „Dat kann ick och!"
Macht einen ungeschickten Satz,
Fällt auf den harten Gartenplatz,
Ist platt, wie man die Kuchen backt,
Und hat für ewig ausgequackt.

Wenn einer, der mit Mühe kaum
Geklettert ist auf einen Baum,
Schon meint, daß er ein Vogel wär,
So irrt sich der.

Wilhelm Busch (1832–1908)

▸Ü 2

Aufgabe 37

Wann muss ich informieren?

Welche Themen könnten eine Information anderer nötig machen? Kreuze an.

- Ein Tag am Badesee mit meinen Freunden ◯
- Der Unfall vor der Schule ◯
- Wie spiele ich Halma? ◯
- Als ich Zeuge eines Fahrradunfalls wurde ◯
- Mein elfter Geburtstag ◯
- Wie kommt man zum Schullandheim? ◯
- Bei den Delfinen im Zoo ◯
- Der schönste Tag im Feriencamp ◯
- Beschlüsse der SMV-Versammlung ◯
- Kochrezept: Spaghetti Bolognese ◯

5./6. Schuljahr

Wie schreibe ich einen informierenden Text?

Aufgabe 38

Genaue Informationen geben

Ergänze den folgenden Ausschnitt aus einer Spielanleitung zum „Mensch-ärgere-dich-nicht"-Spiel so, dass ein sinnvoller, informativer Text entsteht. Verwende dazu die Bausteine aus dem Wortspeicher.

Spielfiguren – Ziel – Spielfeld – Uhrzeigersinn –

Spieler – Startfeld – Würfel

Der erste ______________________________ darf am Anfang dreimal würfeln und muss dabei versuchen, eine Sechs zu bekommen. Schafft er es nicht, ist der nächste Spieler an der Reihe. Würfelt er eine Sechs, stellt er eine seiner ______________________________ auf das ______________________________ A. Dann darf er noch einmal würfeln. Jetzt zieht er auf dem ______________________________ so weit, wie es die Augenzahl auf seinem ______________________________ anzeigt. Würfelt er nochmals eine Sechs, kommt keine neue Spielfigur auf das Startfeld, denn dieses ist ja noch besetzt. Nur wenn es frei wäre, dürfte er eine neue Spielfigur auf das Startfeld setzen. So geht es reihum weiter. Solange man eine Sechs würfelt, darf man noch einmal würfeln. Nach anderen Würfelpunkten kommt der im ______________________________ nächste Spieler an die Reihe. ______________________________ des Spiels ist es, die anderen Spieler daran zu hindern, ihre Figuren in ihr Haus zu bringen.

Aufgabe 39

Verwendung von Sachstil

Bei jedem Bild findest du zwei Texte. Kreuze an, welcher das Geschehen sachlich wiedergibt.

○ „Oh je, was für ein gemeiner Mensch! Er rennt mich einfach um.“

○ Ich spielte gerade am Gehsteig, als ein Mann wie wild in die Bankfiliale rannte und mich dabei umschubste.

○ Mein Papa kam sofort und ich erklärte ihm, was geschehen und wo der Mann hingerannt war.

○ „Papa, Papa, hilf mir, ein Mann hat mir wehgetan! Er rannte da rein!“

○ Ich nahm meinen Vater an der Hand, ging ebenfalls in die Bank und zeigte ihm den Mann, der mich umgerannt hatte.

○ Ich zog meinen Vater hinter mir her in die Bank, zeigte auf den Mann und rief: „Das ist der Kerl, der mir wehgetan hat!“

Aufgabe 40

Fachbegriffe verwenden

Ergänze in der folgenden Bilderfolge die fehlenden Fachbegriffe.

Einen __________ mit __________ füllen

__________ aufkochen lassen

eine __________ Salz und einen Esslöffel Öl zugeben

die passende Menge Spaghetti in den __________ geben

die Spaghetti mit einem __________ umrühren, bis alle mit Wasser bedeckt sind

Spaghetti bei mittlerer __________ 7 bis 10 Minuten köcheln lassen

Spaghetti in ein __________ abgießen, kurz mit kaltem Wasser übergießen

Aufgabe 41

Reihenfolge einhalten

Bringe die folgenden Tätigkeiten in die richtige Reihenfolge. Schreibe dazu die richtige Nummer in die Kreise.

- ◯ Zahnpasta auf die Zahnbürste geben
- ◯ Zähne gründlich putzen
- ◯ Zahnpasta mehrmals gut ausspülen, eventuell gurgeln
- ◯ Becher mit warmem Wasser füllen
- ◯ Zahnbürste, Zahncreme und Becher bereitstellen
- ◯ Zahnbürste von Resten unter fließendem Wasser reinigen
- ◯ Zahnbürste, Zahncreme und Becher aufräumen

Aufgabe 42

Methodentraining: Eine Mindmap erstellen

Die Mindmap hilft dir, ungeordnete Gedanken in eine passende Reihenfolge zu bringen. Schreibe dazu das Thema deines Aufsatzes in den Mittelkreis und ergänze es mit deinen Einfällen. Platz ist genug vorhanden, denn du kannst jederzeit einen neuen Ast anlegen. Wenn du alles Wichtige zusammengetragen hast, kannst du prüfen, ob die Reihenfolge stimmt. Eine Mindmap liest man von der Mitte oben im Uhrzeigersinn. Wenn die Reihenfolge nicht passend ist, kannst du einfach die einzelnen Äste nummerieren. Eine so bearbeitete Mindmap dient dir für deinen informativen Text als Gliederung.

Vervollständige die folgende Mindmap zum Thema „Der Pudel".

Aufgabe 43

Satzverknüpfungen beachten

Verbessere den folgenden Bericht, indem du die hervorgehobenen Sätze geeignet verbindest. Manchmal musst du die Sätze dazu etwas umstellen. Schreibe die verbesserte Fassung des Berichts in dein Übungsheft.

Unfall beim Federballspielen

Gestern war schönes Wetter. Mein Freund Viktor und ich beschlossen zum Federballspielen rauszugehen. Auf der Wiese gegenüber unserer Siedlung suchten wir einen freien Platz und spielten. Da wir ungefähr gleich gut spielen, schenkten wir uns nichts und es wurde ein heftiges Match. **Ich schlug dann einen ganz weiten Ball. Viktor versuchte sich erst noch zu strecken, doch da das nicht reichte, um ihn mit dem Schläger zu erwischen, lief er schnell einige Schritte rückwärts.** Da geschah das Unglück: Viktor trat mit dem rechten Fuß auf einen größeren Stein, rutschte ab, **knickte ein, fiel zu Boden.** Er schrie vor Schmerzen, woran ich merkte, dass er sich verletzt haben musste. Ich lief zu ihm hin und er jammerte unter Tränen, dass der rechte Knöchel wehtäte. **Ich versuchte, ihm aufzuhelfen. Er jammerte weiter und blieb liegen.** Da rief ich mit meinem Handy meine Mutter an, die alarmierte den Notarzt, der nach etwa drei Minuten eintraf. **Der Arzt ließ sich schildern, was sich zugetragen hatte. Er untersuchte Viktors rechtes Bein.** Er vermutete, dass sich Viktor den Knöchel gebrochen habe und ließ ihn zur genauen Untersuchung mit dem Notarztwagen ins Krankenhaus bringen. Meine Mutter hatte inzwischen Viktors Eltern verständigt, die ebenfalls ins Krankenhaus kamen. Wie ich am darauffolgenden Tag erfuhr, hatte sich Viktor wirklich den rechten Knöchel gebrochen. **Er musste zwei Tage im Krankenhaus bleiben. Er durfte dann wieder nach Hause.**

Aufgabe 44

Bericht an die Klasse von der letzten SMV-Versammlung

Ein Aspekt der letzten Klassensprecherversammlung war die Neugestaltung der Pausenzeiten. Dazu gab es folgende Äußerungen. Unterstreiche die Informationen, die für die Klasse wichtig sind und in einem Bericht erwähnt werden sollten.

Thomas, 12. Klasse, 1. Schülersprecher: „Die Klasse 5b möchte statt einer Pause am Vormittag zwei. Sie beantragt, unseren Schulleiter, Herrn Schnell, zu bitten, diese zweite Pause einzurichten. Vielleicht sollten zuerst Ercan und Sandra, die Klassensprecher der 5b, den Wunsch ihrer Klasse erläutern."

Ercan, 10 Jahre: „Das ist voll stressig bei uns. In der Grundschule hatten wir auch zwei Pausen."

Sandra, 11 Jahre: „Ich will es noch genauer erklären. Mit einer Pause haben wir drei Stunden Unterricht, dann Pause, dann wieder drei Stunden Unterricht. Zweimal drei Stunden. Das ist für die meisten von uns schon sehr anstrengend. Man kann sich in der dritten Stunde kaum noch konzentrieren. Deshalb dachten wir, es wäre besser, nach zwei Stunden eine Pause zu machen und nach vier Stunden noch mal eine. Dann hätten wir zwar immer noch sechs Stunden Unterricht, aber immer nur zwei Stunden ohne Pause. Das wäre doch für alle besser, oder?"

Thomas: „Wir verstehen, wie ihr es meint. Möchte sich jemand zu dem Vorschlag äußern?"

Jule, Klassensprecherin der 8a: „Klingt ja gut, aber wie soll das gehen? Wir haben jetzt 20 Minuten Pause, wenn wir zwei Pausen hätten, würden die nur 10 Minuten dauern. Das ist doch viel zu kurz!"

Richie, Klassensprecher der 7d: „Richtig, dann brauche ich mich ja gar nicht mehr bei Herrn Wallner um eine Butterbrezel anstellen. Bis ich die bekomme, ist ja die Pause um!"

Jonas, Klassensprecher der 8b: „Also ich fände eine zweite Pause echt gut."

Luisa, Klassensprecherin der 6c: „Ich auch!"

Jule: „Es kann aber zeitlich gar nicht funktionieren."

Thomas: „Wenn ich mir das bisher Gesagte anhöre, ergibt sich für mich Folgendes: Wir möchten zwar eine zweite Pause, wissen aber, dass zweimal 10 Minuten zu wenig sind. Habe ich das richtig zusammengefasst?"

▸Ü3

Alle: „Ja!"

Thomas: „Vielleicht gibt es ja ein Lösung für unser Problem. Hat jemand eine Idee?"

Nele, Klassensprecherin der 11a: „Ich denke schon ständig darüber nach, ob es nicht möglich ist, die erste Pause nach der zweiten Stunde 20 Minuten dauern zu lassen und eine zweite Pause mit 10 Minuten nach der vierten Stunde einzufügen. Dann könnten wir in der ersten Pause Essen und Getränke kaufen und hätten doch zwei Pausen."

Jana, Klassensprecherin der 6a: „Das ist prima! Dann dauert die 5. Stunde nur 35 Minuten!"

Thomas: „Das können wir vergessen, das macht Herr Schnell nie mit."

Nele: „Da hat Thomas Recht, mit einer Kürzung der 5. Stunde können wir Herrn Schnell nicht kommen. Aber daran dachte ich auch gar nicht. Wie wäre es denn, wenn wir mit dem Unterricht 10 Minuten früher beginnen würden? Oder wenn wir 10 Minuten später aufhören würden? Dann hätten wir sechs volle Unterrichtsstunden und könnten trotzdem eine zweite kurze Pause machen."

Thomas: „Neles Vorschlag klingt gut. Das würde Herr Schnell vielleicht akzeptieren. Was meint ihr dazu? Ist jemand gegen diesen Vorschlag? Nein? Dann gebe ich das an Herrn Schnell so weiter, vielleicht ist er ja einverstanden."

Aufgabe 45

Bericht an die Klasse von der letzten SMV-Versammlung

Luisa hat wichtige Einzelheiten der Besprechung auf ihrem Stichwortzettel festgehalten. Doch sie hat nicht alles, was sie aufschreiben wollte, vollständig mitbekommen. Ergänze ihre Notizen.

- Antrag der Klasse ______: Sie möchten zwei Pausen.
- Grund: Drei Unterrichtstunden hintereinander sind anstrengend und ____, wenn man nur zwei Stunden am Stück hat.
- Hitzige Diskussion. Alle wollen zwei Pausen, sind aber der Meinung, dass zweimal 10 Minuten zu kurz sind.
- Vorschlag von ________________ aus der Elften: 20 Minuten und 10 Minuten Pause.
- Kürzung einer Stunde nicht möglich, daher Vorschlag von ________________, 10 Minuten eher anzufangen oder 10 Minuten später aufzuhören.
- Allgemeine Zustimmung. Thomas wird Herrn ______________________ darum bitten.

Aufgabe 46

Bericht an die Klasse von der letzten SMV-Versammlung

Richie schreibt einen kurzen Bericht über diese Besprechung, den er im Klassenzimmer der 6c aushängen will. Dabei sind ihm jedoch einige Fehler unterlaufen. Unterstreiche alles, was falsch ist.

Dann wurde von Stefan der Antrag der 5b vorgestellt: Es soll künftig zwei Pausen geben. Ercan, der Klassensprecher der 5c, meinte, dann wäre der Vormittag nicht mehr so stressig. Die 5. Stunde soll dann nur noch 35 Minuten dauern. Alle waren einverstanden. Jana aus der 11a meinte dann noch, die Schule könnte 10 Minuten eher beginnen und 10 Minuten länger dauern. Thomas möchte nun Herrn Wichtig bitten, die Änderungen einzuführen ...

▸Ü 3

Aufgabe 47

Über die Ergebnisse von Gruppenarbeiten berichten

Die Klasse 6b hat beschlossen, sich am Projekttag mit dem Thema „Fahrrad“ zu beschäftigen. Zur Vorbereitung sollten die Schülerinnen und Schüler aus verschiedenen Texten wichtige Informationen zu diesem Thema zusammentragen und auf Stichwortzetteln festhalten.

Folgende Stichwortzettel sind dabei entstanden. Nicht alle enthalten nur Informationen. Streiche alle unsachlichen Äußerungen aus.

Arbeitsgruppe 1: Das moderne Fahrrad

- Ab 1900 gab es Fahrräder, die den heutigen stark ähneln. Sie waren aber nicht so schön.
- Sie hatten schon Kugellager und mit Luft gefüllte Reifen.
- Die Pedale waren über eine Kette mit einem Zahnrad am Hinterreifen verbunden, dadurch wurde dieses angetrieben.
- Die Reifen waren gleich groß.
- Das Fahrrad war niedriger und stabiler als das Hochrad.

Arbeitsgruppe 2: Funktionieren des Fahrrads

- Fahrräder sind einspurige Fahrzeuge.
- Sie bestehen aus einem Rahmen und daran befestigten Rädern.
- Fahrräder werden mit Muskelkraft angetrieben und über eine Lenkstange gesteuert.
- Das Lenken muss man aber üben!
- Heute sind Fahrräder mit zwei Rädern üblich.
- Jeder Mensch kann heutzutage Fahrrad fahren.

Arbeitsgruppe 3: Die Erfindung des Rads

- Das Rad wurde um 3500 v. Chr. in Mesopotamien erfunden.
- Schon um 2500 v. Chr. wurden in Zentralasien Fahrzeuge mit Rädern verwendet.
- In der Jungsteinzeit erfanden die Menschen in Europa das Rad noch einmal.

Arbeitsgruppe 4: Das Fahrrad in der heutigen Zeit

- Fahrräder sind beliebt, weil sie ein billiges Fortbewegungsmittel sind.
- Radfahrer sind unabhängig vom Benzinpreis.
- Das Fahrrad ist ein Fitness- und Sportgerät.
- Ich selbst fahre auch gern Fahrrad.

Arbeitsgruppe 5: Vorläufer des modernen Fahrrads

- Um 1650 gab es erste Fahrräder, die dadurch angetrieben wurden, dass sich der Fahrer mit den Füßen vom Boden abstieß.
- 1817 entwickelte Karl Friedrich von Drais ein Fahrrad, das man lenken konnte.
- 1855 wurde in England ein Fahrrad gebaut, dessen Pedale an der Vorder-

achse angebracht waren und dessen Reifen aus Eisen waren.
- Der englische Erfinder James Starley entwickelte daraus eine Art Hochrad: Das Vorderrad war dreimal so hoch wie das Hinterrad.
- Starleys Idee ist ja witzig, aber wie soll man auf diesem Ding fahren?

Aufgabe 48

Über die Ergebnisse von Gruppenarbeiten berichten

Die Informationen auf den Stichwortzetteln sollen am Projekttag an Pinnwänden ausgehängt und mit passenden Abbildungen illustriert werden. Bringe du diese Stichwortzettel deshalb in eine sinnvolle Reihenfolge. Nummeriere dazu die Überschriften richtig.

◯ Das moderne Fahrrad

◯ Funktionieren des Fahrrads

◯ Die Erfindung des Rads

◯ Das Fahrrad in der heutigen Zeit

◯ Vorläufer des modernen Fahrrads

Aufgabe 49

Über die Ergebnisse von Gruppenarbeiten berichten

Drei Schüler der Klasse 6b haben sich bereiterklärt, für die Schülerzeitung einen Artikel zum Thema „Die Geschichte des Fahrrads“ zu schreiben. Schreibe du diesen Artikel für sie.

▸Ü 3

Aufgabe 50

Einen Vorgang beschreiben (Bastelanleitung)

Einen Zwerg basteln

Schau dir auf den Abbildungen genau an, wie man einen Zwerg als Fingerpuppe basteln kann. Achte dabei auch auf die Reihenfolge, in der die einzelnen Arbeitsschritte ausgeführt werden.

In den folgenden Sätzen ist beschrieben, wie man den Zwerg bastelt. Doch sind die Sätze durcheinandergeraten. Bring sie in die richtige Reihenfolge.

◯ Nimm etwas Watte und befestige sie unter dem aufgemalten Gesicht so am Klebeband, dass es aussieht, als hätte das Gesicht einen Bart.

◯ Schneide ein zweites derartiges Dreieck aus und klebe die beiden Dreiecke dann so zusammen, dass die Mütze auf der Fingerkuppe hält: Fertig ist der Zwerg!

◯ Male mit Filzstiften auf eine deiner Fingerkuppen ein Gesicht: Nase und Augen schwarz, den Mund rot. Umwickle dann deinen Finger unterhalb des aufgemalten Gesichts mit dem Klebeband.

◯ Lege dir zuerst das Material, das du brauchst, bereit: einen roten und einen schwarzen Filzstift, etwas Watte, doppelseitiges Klebeband, farbiges Tonpapier, eine Schere.

◯ Nun schneidest du aus dem Tonpapier ein Dreieck aus, das so groß sein soll, dass es für das aufgemalte Gesicht als Zipfelmütze passend ist.

▸Ü 6 + 9

Aufgabe 51

Tiere beschreiben

Kevin hat mit seinen Eltern aus dem Tierheim einen Beagle geholt. Als er ihn seinem Freund Tim in einem Brief beschreiben will, macht er einige Fehler. Streiche durch, was Kevin falsch beschrieben hat.

Länge: 80 cm
Höhe: 40 cm

a) Mein Hund ist ungefähr 40 cm hoch und 80 cm lang. Er hat einen kleinen, eher länglichen als runden Kopf mit kleinen, spitz nach oben stehenden Ohren. Durch seine runden, seitlich stehenden Augen, die ständig in Bewegung sind, beobachtet er seine Umwelt aufmerksam. Sein Schwanz ist kräftig, mit ca. 30 cm aber nicht besonders lang. Sein Fell besteht aus langen Haaren, die eine intensive Pflege und tägliches Bürsten erforderlich machen. Das Fell ist deutlich gescheckt.

b) Die langen Beine meines Hundes zeigen, dass er gut als Jagdhund eingesetzt werden kann. Auch seine schlanke Gestalt deutet darauf hin, dass er ständig in Bewegung sein will und viel Auslauf braucht.

▸Ü 6+9

Aufgabe 52

Tiere beschreiben

Um seinen Beagle noch genauer beschreiben zu können, schlägt Kevin in einem Lexikon nach. Dort findet er folgenden Artikel.

> Der **Beagle** ist ein Jagdhund, der nicht allein, sondern in der Meute eingesetzt wird. Er ist deshalb das Leben in der Gemeinschaft gewöhnt und eignet sich auch wegen seiner fast grenzenlosen Kinderfreundlichkeit hervorragend als Familienhund. Der Beagle ist ein stets gut gelaunter Hund von sanftem, fröhlichem und anpassungsfähigem Wesen. Bei aller Klugheit zeigt er auch ein beträchtliches Maß an Dickköpfigkeit. Als Wachhund ist er jedoch ungeeignet.

Welche Informationen kann Kevin für den Brief an seinen Freund Tim verwenden? Unterstreiche sie und schreibe sie stichpunktartig auf.

____

____

____

____

Aufgabe 53

Tiere beschreiben

Schreibe nun den Brief für Kevin neu und beziehe die Informationen ein, die du in den Übungen 1 und 2 über den Beagle erhalten hast.

▸Ü 6+9

Aufgabe 54

Wann schreibt man einen Brief?

Kreuze an, welche Form der schriftlichen Mitteilung du bei welchem Anlass für angemessen hältst.

	SMS	E-Mail	Brief
Du willst deiner Mutter mitteilen, dass du später von der Schule nach Hause kommst.	○	○	○
Du beantragst bei deinem Schulleiter einen zusätzlichen Wandertag.	○	○	○
Du meldest einen Fahrradunfall bei der Versicherung.	○	○	○
Du entschuldigst dich beim Schulhausmeister für die Unordnung und den zurückgelassenen Dreck nach der letzten Unterstufenparty.	○	○	○
Du willst dich mit deinen Freunden zum Baden am See verabreden.	○	○	○

▸Ü10

Aufgabe 55

Aufbau und äußere Form des Briefs

Mittags ist an der Haltestelle des Schulbusses immer viel los. Die Unfallgefahr ist deshalb groß. Die SMV hat nun beschlossen, Eltern zu bitten, die Aufsicht an den Halteplätzen zu übernehmen. Zwei Briefe wurden entworfen, um die Eltern für diese Aufgabe zu gewinnen. Welchen hältst du für passender? Begründe deine Meinung.

a)

> Liebe Eltern,
>
> wir brauchen dringend Ihre Hilfe! Wie Sie wissen, ist mittags am Bus immer ein Riesengedränge. Da kann dann leicht mal was passieren. Helfen Sie uns bitte, das zu verhindern und übernehmen Sie auch eine Mittagsaufsicht!
>
> Ihre SMV

b)

> Sehr geehrte Eltern,
>
> die SMV wendet sich heute mit einem Problem an Sie.
> Wie Sie vielleicht wissen, gibt es an unserer Schule viele Busschüler. Mittags gibt es an der Bushaltestelle immer ein großes Gedränge, was auch für die Schüler nicht ungefährlich ist.
> Da die Lehrer in dieser Zeit keine Aufsicht übernehmen können, bitten wir Sie, liebe Eltern, darum.
> Wenn es Ihnen möglich ist, an einem Wochentag zwischen 12.45 und 13.15 Uhr an der Bushaltestelle die wartenden Schüler zu beaufsichtigen, melden Sie sich bitte im Sekretariat bei Frau Stelzner.
> Den Schülern und den Busfahrern wäre damit sehr geholfen.
> Wir bedanken uns im Voraus für Ihre Unterstützung.
>
> Ihre SMV

Mir erscheint Brief ______ passender.

Grund: ____

____

▸ Ü 10

Aufgabe 56

In Briefen erzählen – Der persönliche Brief

Du kannst in einem Brief verschiedene Themen behandeln. Entscheide, welches Thema in einen **persönlichen Brief** passt.

	passt	passt nicht
Du hast den Geburtstag deiner Oma vergessen und möchtest dich entschuldigen.	○	○
Du bittest deinen Schulleiter darum, am Freitagabend eine Klassenparty veranstalten zu dürfen.	○	○
Du bedankst dich bei Herrn Maier, der deine Geldbörse im Bus gefunden und sie dir zurückgebracht hat.	○	○
Du lädst deine Freundin zu deiner Geburtstagsfeier ein.	○	○
Du berichtest deiner Tante von der Geburt deiner Schwester.	○	○

▸ Ü 10

Aufgabe 57

In Briefen erzählen – Der persönliche Brief

Du bist Zeuge eines Verkehrsunfalls geworden und hast über deine Beobachtungen einen Bericht für die Polizei geschrieben. Da du nun deiner Brieffreundin Enya zum 12. Geburtstag schreibst, erzählst du ihr in deinem Brief auch von diesem Unfall. Forme dazu die Informationen aus dem Bericht so um, dass sie in einen persönlichen Brief passen.

Als ich gestern, am Montag, den 14. März, zur Schule ging, wurde ich am Fußgängerüberweg an der Kreuzung Kirchstraße/Badstraße Zeugin eines Verkehrsunfalls. Folgendes ist geschehen: Neben mir stand eine ältere Frau, ca. 50 Jahre alt, am Fußgängerüberweg. Sie schaute vorschriftsmäßig nach links und rechts. Links war kein Fahrzeug zu sehen, rechts stand ein weißer Lieferwagen etwa 20 Meter vor dem Fußgängerüberweg vor dem Gemüseladen auf der Straße. In dem Augenblick, als die Frau auf den Fußgängerüberweg trat, fuhr auch der Lieferwagen an. Ich habe das bemerkt und noch „Vorsicht" gerufen. Die Frau hat mich aber nicht gehört und als sie die Straße schon fast überquert hatte, war der Lieferwagen auch schon da, und hat sie mit dem rechten Kotflügel erfasst.
Ich hörte nur einen Aufschrei. Die Fußgängerin sah ich erst wieder, als sie auf der gegenüberliegenden Straßenseite lag und ihren rechten Arm hielt. Der Lieferwagen stand zu dem Zeitpunkt kurz hinter dem Fußgängerüberweg, der Fahrer war ausgestiegen und lief zu der Frau hin. Irgendjemand hatte inzwischen schon den Sanitäter und die Polizei verständigt, die beide nach wenigen Minuten am Unfallort eintrafen.

Schreibe nun den Brief an Enya. Vergiss nicht, ihr zum Geburtstag zu gratulieren!

Ü10

Aufgabe 58

In Briefen informieren – Der sachliche Brief

Du kannst in einem Brief verschiedene Themen behandeln. Entscheide, welches Thema in einen **sachlichen Brief** passt:

	passt	passt nicht
Du erzählst deiner Brieffreundin von deinen Urlaubserlebnissen.	◯	◯
Du teilst der Wasserwacht mit, dass du den Schwimmunfall am Badesee beobachtet hast.	◯	◯
Du bedankst dich beim Busfahrer, dass er die Schultasche, die du vergessen hast, bei dir zu Hause abgegeben hat.	◯	◯
Du bedankst dich bei deiner Tante in Australien für das Geburtstagsgeschenk.	◯	◯
Du berichtest der Versicherung über den Hergang des Unfalls, bei dem du angefahren wurdest.	◯	◯

▸Ü 10

Aufgabe 59

In Briefen informieren – Der sachliche Brief

In den folgenden sachlichen Brief haben sich einige Fehler eingeschlichen. Verbessere sie in der Korrekturspalte rechts.

	Korrekturen:
Hallo Frau Schneider, wie geht es Ihnen? Mir geht es nicht so gut. Ich habe viel Stress mit meinen Eltern. Das liegt daran: Ich habe gestern, am 27. April 2006, ein Auto beschädigt. Das kam so: Ich bin zusammen mit zwei Freunden zur Schule geradelt. Wir hatten großes Palaver, als wir plötzlich vor uns einen Lieferwagen bemerkten, der halb auf dem Radweg und halb auf dem Fußweg an der Siegburger Straße stand. Meine Freunde wichen nach rechts auf den Fußweg aus, weil ich jedoch links fuhr, wollte ich auf dem Radweg links um den LKW herumfahren. Weil ich ihn aber zu spät bemerkte, riss ich das Fahrrad so stark herum, dass ich den am Straßenrand parkenden VW-Golf am rechten hinteren Kotflügel eingedellt habe. Der Fahrer, der noch im Wagen saß, hat sich sofort meinen Namen und meine Adresse aufgeschrieben und meine Eltern verständigt. Diese sind der Meinung, dass es sich um einen Fall für die Haftpflichtversicherung handeln würde und haben mir Ihre Adresse gegeben, damit ich die Sache selbst regeln kann. Ich hoffe nun auf Ihre Hilfe. Bis bald. Lennart Mühlbauer	

▸ Ü10

7./8. Schuljahr

Aufgabe 60

Über ein persönliches Erlebnis berichten

Lies dir die folgenden Texte durch und überlege, welcher einem Erlebnisbericht entspricht.

Torsten

Die Klasse 8b traf sich um 8.15 Uhr am Bahnhof und konnte um 9.05 Uhr vollständig in den Zug einsteigen. Nach einer abwechslungsreichen Fahrt von 4 Stunden und 15 Minuten, die von zweimaligem Umsteigen unterbrochen wurde, erreichten wir um 13.20 Uhr den Zielbahnhof und kamen nach einem halbstündigen Fußmarsch an der Jugendherberge an.

Katrin

Wie es zu unserer Klasse gehört, war schon die Anreise ein absolutes Chaos. Lars hatte natürlich wieder einmal verschlafen und hetzte beinahe zu spät auf den Bahnsteig. Er ließ sich auch nicht von Herrn Meister beeindrucken, der schon eine Weile lang nervös, aber vergeblich mit seinem Handy hantiert hatte, um ihn zu erreichen. Im Zug beglückte unsere Klasse unsere Mitreisenden mit fröhlichem und lautem Gesang, umgeschütteten Colaflaschen und einem munteren Fangspiel zwischen den Abteilen. Kein Wunder, dass die beiden uns begleitenden „Lehrkörper" reichlich genervt waren, als wir ankamen. Wir aber auch – bei sengender Hitze schleppten wir uns zu der Jugendherberge und brachen beinahe verdurstet auf der Türschwelle zusammen. Das kann ja toll werden!

Mareike

Die Klassenfahrt der 8b begann am Montag, den 2. September um 8.15 Uhr am Bahnhof. Obwohl der Zug, der uns nach Beingries bringen sollte, erst um 9.05 Uhr abfahren sollte, war dieser frühe Zeitpunkt klug gewählt, denn um halb neun fehlte Lars Christiansen immer noch. Dennoch gelang es, dass alle 24 Schüler pünktlich den Zug besteigen konnten. Während der langen Fahrt versuchten wir uns mit Musik und Spielen zu beschäftigen, was nicht immer die Freude unserer Mitreisenden erweckte. Daher waren nicht nur die Schüler, sondern auch unsere beiden Lehrer, Herr Meister und Frau Stubner, froh, als wir nach vierstündiger Fahrt endlich in Beingries ankamen. Allerdings ahnten wir noch nicht, dass uns ein längerer Fußmarsch zur Jugendherberge bevorstand, was angesichts der Hitze und des schweren Gepäcks so manchen zum Jammern und Klagen veranlasste.

Berichten ▸Ü 3 – 4

Aufgabe 61

Über ein persönliches Erlebnis berichten

a) Suche in Torstens Text alle Stellen, in denen das Erlebnis der Zugfahrt deutlich wird.

b) Unterstreiche alle Textstellen, die Antwort auf die W-Fragen geben.

c) Begründe, warum Torstens Darstellung kein Erlebnisbericht ist.

Aufgabe 62

Über ein persönliches Erlebnis berichten

a) Unterstreiche in Katrins Text alle Stellen, die Antwort auf die W-Fragen geben.

b) Wovon handelt Katrins Text überwiegend?

c) Begründe, warum ihre Darstellung kein Erlebnisbericht ist.

Aufgabe 63

Über ein persönliches Erlebnis berichten

a) Unterstreiche in Mareikes Text alle Stellen, in denen die W-Fragen beantwortet werden.

b) Benutze eine andere Farbe, um die Stellen zu unterstreichen, in denen das Erlebnis der Anreise vermittelt wird.

c) Begründe, warum Mareikes Text ein Erlebnisbericht ist.

7./8. Schuljahr

Aufgabe 64

Einen Unfallbericht verfassen

Entscheide dich bei diesem Unfallbericht für den genauen und eindeutigen Ausdruck. Setze die Verben in die richtige Zeitstufe.

Am Mittwoch, den 4. September **(machen/unternehmen)** ____________________ die Klasse eine Bergwanderung auf die Hohe Geiß, nachdem die Lehrkräfte **(nachschauen/überprüfen)** ________________________, ob alle Schüler sichere Schuhe trugen. Auf dem letzten Abschnitt des Rückwegs **(fallen/stolpern)** ____________________ der Schüler an einer schmalen Wegstelle, wo es auch kein Sicherungsseil gab, über eine Wurzel und **(wanken / das Gleichgewicht verlieren)** ____.

Während er **(etwa 10 Meter/ein gutes Stück)** ______________________________ den Abhang herunterrutschte, prallte er gegen mehrere **(Hindernisse/Felsbrocken)** ____________________. Nachdem die Lehrkraft Frau Stubner **(Erste Hilfe leisten / helfen)** _________________________________, konnte er den Rest des Weges **(gehen/bewältigen)** ________________________. Nach unserer Ankunft im Dorf wurde er **(dann/unverzüglich)** ________________ zu einem Arzt gebracht. Dort wurde festgestellt, dass die Verletzungen **(geringfügig / nicht so schlimm)** ________________________________ waren. Nachdem seine **(Beschädigungen/Schürfwunden)** __________________________ ärztlich **(ansehen/behandeln)** _____________________________ und ihm eine Tetanusspritze **(geben/verabreichen)** _______________________________, konnte er den Rest des Aufenthaltes weitgehend beschwerdefrei verbringen.

Berichten

Ü3–4

Aufgabe 65

Einen Unfallbericht verfassen

Bei einer Versicherung ging folgender Unfallbericht ein. Verbessere ihn.

„In hohem Tempo näherte sich mir die Straßenlaterne. Ich schlug einen Zickzackkurs ein, aber dennoch traf mich die Straßenlaterne am Kühler."

Aufgabe 66

Einen Zeitungsbericht verfassen

Michael besucht eine Gerichtsverhandlung, bei der jugendliche Ladendiebe angeklagt sind. Er soll darüber einen Bericht schreiben und muss die wörtlichen Aussagen der Prozessbeteiligten knapp umformen.
Formuliere im Präteritum und benutze folgende Verben:

zurückweisen, beschuldigen, mahnen, bekräftigen, bitten, hinweisen

a) Der Angeklagte: „Ich bin überhaupt nicht schuld. Stefan Müller hat das Handy eingesteckt und davon wusste ich nichts."

b) Stefan Müller: „So eine Gemeinheit! Du hast doch das Handy in meine Plastiktasche fallen lassen."

c) Der Richter: „So geht das nicht. Ihr seid beide verpflichtet, die Wahrheit zu sagen und ehrlich zu sein."

d) Der Zeuge: „Ich habe genau gesehen, wie sich die beiden verabredet haben und habe dies auch der Polizei gesagt."

e) Der Verteidiger: „Bitte beachten Sie die schwierigen häuslichen Verhältnisse der beiden Jugendlichen, Herr Richter."

f) Der Staatsanwalt: „Wir haben es schließlich nicht mit einem gewöhnlichen Ladendiebstahl zu tun; beide Täter sind mehrfach vorbestraft."

▸Ü3–4

7./8. Schuljahr

Aufgabe 67

Einen Zeitungsbericht verfassen

Verfasse einen kurzen Zeitungsbericht zu folgendem Ereignis und finde eine passende Überschrift.

Otterdorf bei Beingries – Unwetter in der Nacht zum Dienstag – die Plichach tritt über die Ufer – Überschwemmungsbereich etwa 20 Meter auf jeder Seite des Flusses – Jugendherberge am Morgen vom Wasser umspült – 24 jugendliche Gäste müssen das Gebäude barfuß verlassen – gegen Abend Verbesserung der Lage – Feuerwehr pumpt die Kellerräume aus – Sachschaden: etwa 3.000 € – älterer Einwohner: „So etwas hat es noch nie gegeben, daran ist der Klimawandel schuld!"

Überschrift ______________________________

Untertitel ______________________________

Einleitung ______________________________

____

Hauptteil ______________________________

____

____

____

____

____

Schluss ______________________________

____

____

Berichten

Ü 3–4

Aufgabe 68

Eine Anfrage formulieren

Stefan muss bei einer Versicherung anfragen, ob ein Schaden, den er verursacht hat, übernommen wird. Korrigiere seine Anfrage, indem du ihre Bestandteile in die richtige Reihenfolge bringst.

Stefan Schnarr (a)
Grabengasse 6
97083 Würzburg
Tel. 08 88 / 12 23 45

Daluga Versicherung (b)
Herzbergweg 67
12345 Altstadt

Sehr geehrte Damen und Herren, (   )

Anfrage bezüglich Haftpflichtversicherung 34567891 (   )

25. Oktober 2006 (   )

am 19. September 2006 reichte ich bei Ihrem Unternehmen einen Antrag auf Kostenerstattung ein. Wie aus dem Schreiben hervorging, beschädigte ich während einer Klassenfahrt die Brille eines Klassenkameraden, die unverzüglich repariert werden musste.

Nachdem ich zwei Wochen später noch keine Antwort von Ihnen erhalten hatte, wandte ich mich telefonisch an Sie. Ich erfuhr, dass die Sachbearbeiterin erkrankt sei und die Angelegenheit von einem Herrn Bader weiterbearbeitet werden würde.

Leider bekam ich auch von Herrn Bader keine Antwort und erfuhr gestern, dass er jetzt in Urlaub sei.

Da die Reparaturkosten von den Mitschülern vorgestreckt wurden, würde ich gerne wissen, ob und wann die Kosten erstattet werden. Meinen Originalantrag lege ich als Kopie bei.

Anlage (   )

Mit freundlichen Grüßen (   )

Stephan Schnarr (   )

Ü 3–4

Aufgabe 69

Eine Anfrage formulieren

Formuliere höflich.

a) Ich habe seit Ewigkeiten versucht, eine simple Auskunft von Ihnen zu kriegen.

b) In Ihrem Saftladen hat ja keiner am Telefon irgendeine Ahnung.

c) Vielleicht könnten Sie endlich einmal die Kohle schicken.

d) Wenn das jetzt nicht klappt, zeige ich Sie an.

Aufgabe 70

Ein Protokoll verfassen

Hier siehst du die Notizen, die Tanja als Protokollführerin bei einer Pfadfinderbesprechung gemacht hat.

a) Was ist ungünstig an ihren Aufzeichnungen?

b) Was fehlt?

Beginn: 20.15 Uhr

1. Beschluss
   Lulu kümmert sich um Essen und Getränke. Kann ja schließlich gut kochen.

2. Christian und Mekki studieren mit Anna, Sofia und Clemens das Theaterstück ein.

Außerdem gibt es einen Basar. Tilmann und Markus sollen mit den Leuten einzeln absprechen, was gebastelt und verkauft werden kann. (ausgerechnet die Dödel!)

Nur Torsten fehlt/ unentschuldigt!!! wieder einmal !!!

Bei der nächsten Sitzung (kommender Montag, hier im Versammlungsraum) wird alles noch einmal genau geplant.

Gott, ist das langweilig heute. Ich will heiiiiim.

Heute ist Montag, der 14. November und wir sind in unserem ach so toll verschmuddelten Pfadfinderheim.

Endlich Schluss: zwanzig nach 10

Ü 3–4

Aufgabe 71

Ein Protokoll verfassen

Vervollständige das Ergebnisprotokoll, indem du Tanjas Notizen auswertest.

Protokoll

über ______________________________

am ______________________________

im ______________________________

Beginn ______________ Ende ______________

Anwesende: alle Mitglieder der Gruppe Nausikaa;
Torsten Klein fehlt unentschuldigt.

Tagesordnung
Vorbereitung der diesjährigen Weihnachtsfeier

Ergebnisse

1. ______________________________

2. ______________________________

3. ______________________________

4. ______________________________

Tanja Seibold

____

Stella Markert

(Gruppenleiterin)

Aufgabe 72

Einen Gegenstand beschreiben

Melanie hat im Schwimmbad eine Kette verloren, die sie zur Konfirmation bekommen hat. Der Bademeister möchte eine genaue Beschreibung, weil sich in seinem Fundbüro viele Ketten befinden.

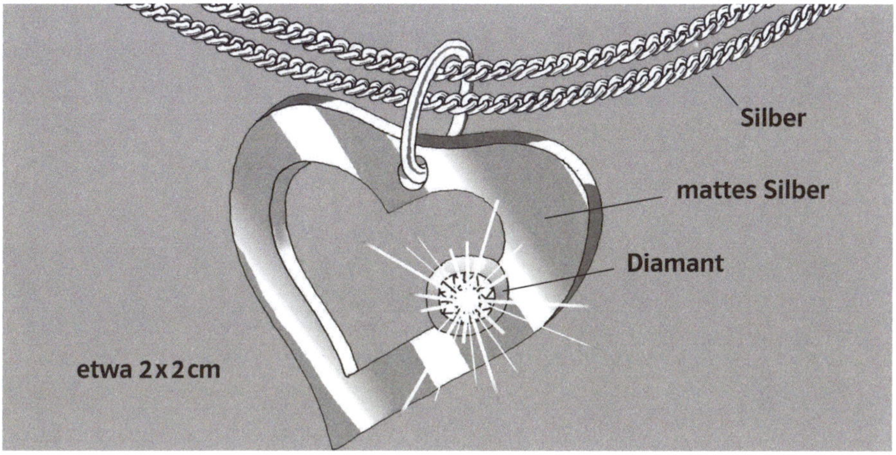

Formuliere eine vollständige Beschreibung des Schmuckstücks.

7./8. Schuljahr

Aufgabe 73

Eine Anzeige verfassen

Mehmets Vater will sein altes Auto verkaufen. Er bittet seinen Sohn, ihm bei der Formulierung der Anzeige zu helfen. Welche der drei Anzeigen erfüllt am besten den gewünschten Zweck?

a)

Prima Second-Hand-Kfz

Dunkelblauer Opel Astra
günstig zu verkaufen.
0178 – 22 33 44

b)

Opel Astra; Jg.1998; 89t km
ASU / TÜV 08.06; € 3.500 (VB)
0178 – 22 33 44

c)

Suchen Sie schon lange
nach einem gut gepflegten Opel Astra? (Erstzulassung 1998)
Dann rufen Sie mich an. (Tel. **0178 – 22 33 44**)
TÜV August 06; 89 000 km. Preis (€ 3.500) auf Verhandlungsbasis

Aufgabe 74

Eine Anzeige verfassen

Ergänze die folgenden Farbbezeichnungen.

a) *purpur*__________ b) *smaragd*__________

c) *ocker*__________ d) *wein*__________

e) *himmel*__________ f) *zitronen*__________

g) *schnee*__________ h) *tauben*__________

▸Ü 5, 7–9

Aufgabe 75

Eine Anzeige verfassen

Leider ist Melanies Kette, die sie im Schwimmbad verloren hat, nicht im Fundbüro des Bademeisters gelandet. Nun macht sie einen Aushang, der im Kassenbereich veröffentlicht wird. Schau dir die Abbildung der Kette auf S. 65 noch einmal an und verbessere Melanies Text.

Leider ist meine Patentante nun gestorben und deswegen möchte ich die Kette, die sie mir geschenkt hat, gerne wiederhaben. Ich habe sie nämlich am 3. Juli hier im Schwimmbad verloren. Sie ist aus Silber und hat einen herzförmigen Anhänger, an dem ein kleiner Edelstein befestigt ist. Irgendjemand hat sie bestimmt gefunden. Bitte, bitte ruft mich an, wenn ihr sie habt oder schickt sie mir zu: Melanie Meister, 12345 Karlsdorf, Schneiderstr. 12, 08 89 71 / 12 34

Aufgabe 76

Aussehen und Charakter einer Person beschreiben

Hier findest du eine Auswahl von hilfreichen Angaben für die Beschreibung einer Person. Ordne sie in die Tabelle ein:

athletisch – aufrecht – blass – buschig – eingesunken – fahl – füllig – gebogen – gebückt – geradlinig – gerötet – gestylt – gesund – Halbglatze – hervorstehend – kahl rasiert – kantig – korpulent – kränklich – langhaarig – lockig – mager – mandelförmig – oval – pausbäckig – rundlich, schief – schlank – schulterlang – spitz – stämmig – strähnig – zierlich

Körperbau	
Frisur und Haare	
Gesichtsform und -farbe	
Augenform und Augenbrauen	
Körperhaltung	

Beschreiben

▸ Ü 5, 7–9

Aufgabe 77

Aussehen und Charakter einer Person beschreiben

Stefanies Mutter hat aufgrund einer Beschreibung ihrer Tochter ihre ehemalige Kollegin Beate wiedererkannt. Lies ihre Aussage gut durch und unterstreiche alle Adjektive, die Auskunft über Beates Charakter geben.

7./8. Schuljahr

Das kann nur Beate sein. Ich habe sie seit einiger Zeit aus den Augen verloren und muss mich unbedingt bei ihr melden, denn es tut mir leid, dass ich sie so lange nicht gesehen habe.

Beate ist nämlich ein äußerst interessanter Mensch und hat kein leichtes Schicksal. Seit Jahren kümmert sie sich um ihre Mutter, die schwer erkrankt ist. Obwohl die alte Dame einen Platz in einem Pflegeheim hat, weigert sich Beate, ihre Mutter in fremde Hände zu geben. Es ist bewundernswert, wie geduldig und mitfühlend sie mit ihr umgeht. Dabei muss Beate in ihrem Beruf oft entschieden und hartnäckig sein. Sie ist Personalchefin in meiner ehemaligen Firma und muss sich dort auch in schwierigen Situationen durchsetzen. Manchmal fand ich ihre Entscheidungen etwas hart, aber später musste ich einsehen, dass sie richtig waren.

Bevor sie ihre Mutter bei sich aufgenommen hat, ist Beate viel gereist. Ich glaube, sie hat schon die halbe Welt gesehen und sie spricht auch viele Sprachen. „Reisen ist mein einziges Hobby", sagt sie immer.

Aber dabei vergisst sie zu erwähnen, dass sie eine talentierte Fotografin ist. Eigentlich bin ich kein Freund von Diaabenden, aber Beates Reisefotos zu betrachten ist ein reiner Genuss. Vermutlich bedauert sie manchmal, dass sie nie geheiratet hat und keine Kinder hat. Aber sie ist ein Mensch, der das Beste aus jeder Lebenssituation zu machen versteht. Sie ist sehr gesellig und liebt komische Filme, weil sie so gerne lacht.

Was ich besonders an ihr schätze, ist ihre Fähigkeit zuzuhören. Ich bin schon einige Male mit einem Problem zu ihr gekommen und sie hat mich sehr aufmerksam ausreden lassen. Meistens hatte sie nicht nur einen guten Rat zur Hand, sondern auch einen Witz, der die Lage in einem anderen Licht erscheinen lässt. Aber mit Menschen, die ständig jammern, kann sie nichts anfangen. Deswegen sucht sie sich ihre Freunde gut aus und ich bin stolz, dass ich dazugehöre.

Beschreiben

▸Ü 5, 7–9

7./8.
Schuljahr

Aufgabe 78

Aussehen und Charakter einer Person beschreiben

Stefanies Mutter hat ihre Freundin nicht nur durch Adjektive charakterisiert, sondern auch durch Beispiele und Belege. Woran ist erkennbar,

a) dass Beate geduldig und mitfühlend ist, ______________________

b) dass sie auch hart sein kann, ______________________

c) dass sie eine talentierte Fotografin ist, ______________________

d) dass sie gerne lacht? ______________________

Aufgabe 79

Ein Bild beschreiben

Betrachte das Foto genau und kreuze dann die richtigen Angaben an. (Mehrfachlösungen möglich)

Beschreiben

▸Ü 5, 7–9

Das Foto zeigt

a) ein altes Bauernhaus ☐

b) den Eingangsbereich eines alten Bauernhauses ☐

c) einen Besen ☐

Ungefähr in der Bildmitte sieht man

d) den gut erkennbaren Innenbereich des Hauses ☐

e) die halb geöffnete alte Holztür des Hauses ☐

f) eine Laterne ☐

Im linken und im rechten Bildbereich erkennt man

g) gleich große Ausschnitte von der Hauswand ☐

h) links einen etwa halb so großen Ausschnitt von der Hauswand wie rechts ☐

i) die von der Sonne beschienenen Hauswände ☐

Die Wände des Hauses links und rechts von der Tür sind aus

j) teils verwittertem Mauerwerk mit zwei Vorsprüngen neben der Tür ☐

k) aus dunklem Holz ☐

l) mit einer Laterne versehen ☐

Neben den Vorsprüngen erkennt man

m) links die oberen Äste eines Weinstocks ☐

n) rechts einen Weinstock mit verschlungenen Ästen ☐

o) rechts einen Besen ☐

Der Besen im Vordergrund

p) ist ein alter Reisigbesen mit umwickeltem Schaft ☐

q) lehnt an der rechten Türöffnung ☐

r) lehnt schräg an der linken Türöffnung ☐

Aufgabe 80

Ein Bild beschreiben

Stelle fest, ob deine Antworten von Aufgabe 79 richtig sind. Schreibe nun aufgrund deiner Antworten eine vollständige Bildbeschreibung in dein Übungsheft.

7./8. Schuljahr

Aufgabe 81

Einen Vorgang beschreiben (Versuchs-, Wegbeschreibung, Gebrauchsanweisung)

Im Physikunterricht sollen die Schüler herausfinden, wie es zu dem nachteiligen Effekt des Windschattens kommt. Dazu haben sie ein Experiment gemacht, zu dem sie eine Versuchsbeschreibung formulieren sollen. Bringe den folgenden Text in die richtige Reihenfolge.

a) Die Luftströme gleiten schnell an der Flasche vorbei.

b) Dann stellt man eine Flasche genau vor die Kerze.

c) Man stellt zunächst eine brennende Kerze auf den Tisch.

d) Dahinter treffen sie wieder mit großem Schwung aufeinander.

e) Nun bläst man gegen die Flasche.

f) Daher erlischt die Kerzenflamme.

g) Bei einem bestimmten Abstand können sie wegen dieser oben beschriebenen Luftströme in eine gefährliche Zone geraten.

h) Diesen Effekt müssen Autofahrer beachten, wenn sie auf der Autobahn hinter einem Lastwagen fahren.

Aufgabe 82

Einen Vorgang beschreiben (Versuchs-, Wegbeschreibung, Gebrauchsanweisung)

Melanie will das Open-Air-Konzert ihrer Lieblingsband in der Nachbarstadt besuchen. Sie bittet Benni um eine Wegbeschreibung zum Aufführungsort. Trage in Bennis Beschreibung die fehlenden Orts- und Richtungsangaben ein.

Beschreiben

▸Ü 5, 7–9

Wenn du am Bahnhof angekommen bist, wendest du dich nach ____________ und gehst die Elisabethstraße entlang. An der ____________ Ampel ____________ du diese Straße und läufst noch etwa 100 Meter weiter. Dann kommst du an eine ____________. Du nimmst die Straße ____________ und gehst so lange ____________, bis du an eine Brücke kommst. Diese überquerst du. ____________ beginnt der Stadtpark. In dessen ____________ befindet sich ein Rondell, wo das Konzert stattfindet.

Aufgabe 83

Einen Vorgang beschreiben (Versuchs-, Wegbeschreibung, Gebrauchsanweisung)

Seit Sabine ihr Taschengeldkonto bei der örtlichen Sparkasse hat, kann sie auch Beträge vom Geldautomaten abheben. Formuliere eine zusammenhängende Vorgangsbeschreibung aufgrund dieser Bildschirmangaben.

1

Willkommen bei der Sparkasse

2

Bitte, geben Sie Ihre Geheimnummer ein.

****

3

Möchten Sie
▶ eine Auszahlung
oder Ihren
Kontostand erfahren? ◀

4

Wie viel möchten Sie abheben?

▶ 20 €	150 € ◀
▶ 50 €	200 € ◀
▶ 100 €	250 € ◀

5

Bitte, haben Sie einen Augenblick Geduld.

6

Bitte, entnehmen Sie Ihre Geldkarte. Vielen Dank.

▶ Ü 5, 7–9

Aufgabe 84

Eine Argumentation formulieren

Löse aus diesem Leserbrief die Argumentation heraus. Unterstreiche die These, die Begründungen und die Beispiele mit unterschiedlichen Farben.

Zu Ihrem Artikel „Die Musikkultur von heute" vom 30.06.

Mit Sorge betrachte ich seit längerer Zeit die Freizeitgestaltung der heutigen Jugend, die ich am Beispiel meiner eigenen Enkelkinder und deren Freunde recht gut verfolgen kann. Während ich in meiner Jugendzeit ein recht ausgewogenes Verhältnis zwischen Schul- und Berufsbildung, sportlicher Tätigkeit, Engagement in Vereinen und Verbänden erlebte, scheint die heutige Jugend ganz und gar von der Musik verdorben zu werden.

Schon allein das, was die Kids als Musik bezeichnen, ist eine einzige Geschmacksverirrung. Musik hat doch etwas mit Melodie oder Harmonie zu tun. Wenn ich meine Enkel besuche, höre ich aber nur verzerrtes, lautstarkes Geplapper und Gekreisch aus den Kinderzimmern dringen.

Hinzu kommt, dass die jeweiligen Musiker alles andere als Vorbildfiguren für Jugendliche sind. Es handelt sich schließlich nicht nur um exotisch gestylte Gesellen und Gesellinnen, sondern häufig auch um perverse Figuren, die sich voneinander nur in Bezug auf die Scheußlichkeit ihres Make-ups unterscheiden. Als Beispiel für meine Sorge möchte ich nur erwähnen, dass viele dieser populären Personen offen mit dem Gebrauch von Drogen prahlen. Wenn ich dann noch höre, dass auf den Pop-Konzerten Jugendliche in völlig überfüllten Sälen zusammengepfercht werden und dort mit Wunderkerzen und Feuerzeugflammen ihre Sympathie für die dargebotene Musik demonstrieren, wird mir angst und bange. Immerhin haben wir in letzter Zeit häufig erlebt, wie Hysterie und auch Begeisterung eng gedrängter Massen gefährlich ausufern kann. Kürzlich hörte ich, dass es bei manchen Tänzen darauf ankommt, die Tanzpartner so anzurempeln, dass sie von alleine aus dem Kreis ausscheiden. Hoffentlich eine dumme Ausnahme.

Möglicherweise bin ich für derartige Geschehnisse schon zu alt.

Volker Gerhardt, 38108 Braunschweig

▸Ü 11–12, 20

Aufgabe 85

Die Themaerschließung

Bei den folgenden Erörterungsthemen ist die Frage bereits vorgegeben. Unterstreiche die Themabegriffe.

a) Welche Eigenschaften sollte ein guter Freund oder eine gute Freundin haben?

b) Warum gehen viele junge Menschen gerne ins Kino?

c) Über welche Themen gibt es im Zusammenleben zwischen Eltern und heranwachsenden Kindern oft Auseinandersetzungen?

Aufgabe 86

Die Themaerschließung

Bilde zu folgenden Themen die Themafrage.

a) Vorteile eines eigenen Handys

b) Klassenfahrten können für Schüler sehr wertvoll sein.

c) Es gibt zahlreiche Gründe, die junge Menschen heutzutage vom Lesen abhalten.

Aufgabe 87

Die Stoffsammlung

Safye hat die folgende Stoffsammlung zu dem Thema „Warum gehen junge Menschen gerne ins Kino?“ erstellt.

Streiche die Gedanken weg, die nicht zu der Themafrage gehören.

- im Kino schmeckt Popcorn am besten
- man kann wegen der intensiven Eindrücke für eine Zeit die Welt vergessen
- gute Filme bleiben länger in Erinnerung, als wenn man sie im Fernsehen betrachten würde
- man kann endlich mit Freunden zusammen sein
- ein Kinobesuch mit Freunden verstärkt das Gemeinschaftsgefühl
- Fernsehen zu Hause ist langweilig
- im Kino ist es immer so schön dunkel
- viele Filme bieten einen interessanten Gesprächsstoff
- Kinogehen ist nicht billig

▸ Ü 11–12, 20

7./8.
Schuljahr

Aufgabe 88

Die Stoffordnung und Gliederung

Bilde bei den verbliebenen Punkten von Safyes Stoffsammlung eine Reihenfolge, die du mit Zahlen kennzeichnest. Die weniger wichtigen Gedanken stehen am Anfang, die wichtigen am Ende dieser Reihenfolge.

Aufgabe 89

Die Stoffordnung und Gliederung

Bilde aus Timos Mindmap die Gliederung des Hauptteils einer Erörterung. Dazu formulierst du die Stichpunkte in kurzen Sätzen aus und bildest von Punkt 2 bis 5 eine sinnvolle Reihenfolge.

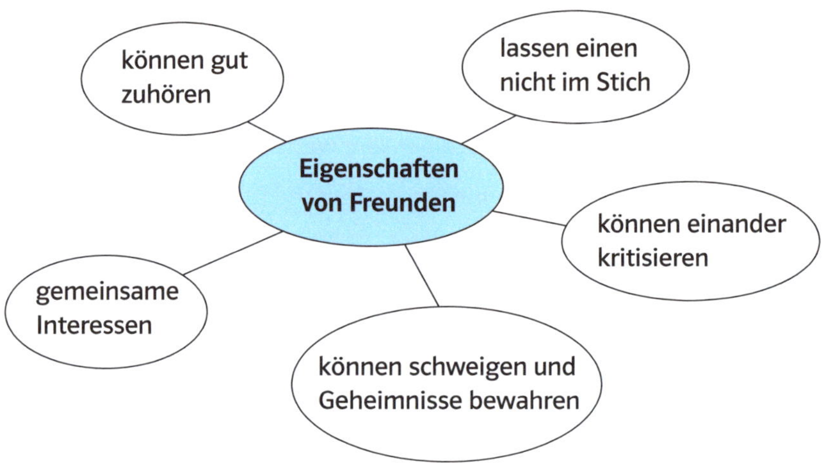

„Welche Eigenschaften haben gute Freunde?"

A

B 1. Mit guten Freunden teilt man gemeinsame Interessen.

2. ______________________________

3. ______________________________

4. ______________________________

5. ______________________________

C

Bei dieser Gliederung kannst du erkennen, dass nicht nur eine Einteilung in Zahlen vorgegeben ist, sondern auch die Buchstaben A für Einleitung, B für Hauptteil und C für Schluss vermerkt sind. Erst mit diesen Bestandteilen wird deine Gliederung vollständig.

▸Ü 11–12, 20

Aufgabe 90

Die Einleitung

Eine Einleitung hat die Aufgabe, den Leser zum Thema hinzuführen. Entscheide, bei welchem der folgenden Beispiele dies gelungen ist.

a) Unsere letzte Klassenfahrt nach Beingries war zwar sehr anstrengend, aber auch recht schön. In dem nun folgenden Hauptteil möchte ich erörtern, warum das so war.

b) Im vergangenen Frühjahr unternahm unsere Klasse eine Klassenfahrt nach Beingries im Allgäu. Obwohl nicht jeder Schüler von der Aussicht beigeistert war, eine ganze Woche in einem fremden Bett zu verbringen und vielleicht ungewohnte Speisen zu sich nehmen zu müssen, kamen wir begeistert und bereichert zurück. Was macht eine Klassenfahrt eigentlich so wertvoll?

c) Meine Eltern waren nicht erfreut, als sie hörten, dass wir eine Klassenfahrt unternehmen wollten. 300,– Euro, nur für eine Woche, das kann in den heutigen Zeiten nicht jede Familie verkraften. Glücklicherweise gibt es auch öffentliche Zuschüsse für weniger begüterte Familien.

Aufgabe 91

Die Einleitung

Eine Einleitung kann eine eigene Erfahrung beinhalten, ein aktuelles Ereignis erwähnen oder auch von einem Sprichwort ausgehen.

a) Überlege, welche dieser Möglichkeiten in a) und b) umgesetzt wurde.

b) Welche wichtige Aufgabe hat der letzte Satz von Beispiel b)?

c) Warum sind die Beispiele a) und c) nicht gelungen?

Ü 11–12, 20

Aufgabe 92

Der Hauptteil

Im Hauptteil deiner Erörterung verwandelst du die einzelnen Gliederungspunkte in Argumente und ergänzt sie durch ein Beispiel.
Zu dem Thema „Welche Eigenschaften haben gute Freunde?" schrieb Tina folgenden Aufsatz. Lies den Text aufmerksam und prüfe anschließend, welche Form der Einleitung sie gewählt hat.

Neulich habe ich ein Sprichwort gehört: „Gute Freunde erkennt man in der Not." Es soll bedeuten, dass so mancher Kumpel oder Bekannter in dem Augenblick „abspringt", wenn man ihn oder sie wirklich braucht. Oft erkennt man erst dann, dass dieser Mensch eigentlich kein Freund war. Aber welche Eigenschaften kennzeichnen eigentlich gute Freunde?

Zunächst gehört wohl dazu, dass man gleiche oder ähnliche Interessen teilt, denn nur so hat man Gesprächsstoff und eine schöne Zeit zusammen. Eine gute Freundin von mir ist mit mir im Mädchen-Fußballverein. Auch wenn wir manchmal gegeneinander spielen, gefährdet das unsere Freundschaft nicht. Und besonders schön ist, wenn wir am Wochenende gegen andere Mannschaften antreten und Sieg oder Niederlage gemeinsam erleben.

Zu einer guten Freundschaft gehört auch, dass man einander kritisieren kann, dies zeigt nämlich, dass man wirkliches Interesse an dem anderen empfindet. Auch wenn ich mich ärgere, wenn mich meine Freundin wegen meiner ständigen Unpünktlichkeit kritisiert, so muss ich ihr dennoch Recht geben. Und im Grunde will sie nur mein Bestes.

Gute Freunde können aber nicht nur reden, sondern auch zuhören, denn sie wissen, dass viele Sorgen und Probleme sich verringern, wenn man sie jemandem mitteilen kann. In solchen Situationen ist mein älterer Bruder für mich ein guter Freund, der sich einfach meinen Ärger und meinen Kummer anhört, bis ich mich besser fühle.

Nicht immer kann ein guter Freund einem einen Rat geben, aber es ist ganz wichtig, dass ein solcher Mensch schweigen kann, denn nur so kann man ihm vertrauen. Neulich hat einer meiner Kumpel mir ein Geheimnis erzählt, was ihm sein sogenannter bester Freund anvertraut hat. Ich hätte es lieber nicht gehört, denn so kann eine Freundschaft zerstört werden.

Das wichtigste Merkmal von guten Freunden ist, dass sie einen nicht allein lassen, wenn man sie braucht. Denn jeder Mensch kann in eine Notlage kommen, wo man auf einen anderen Menschen angewiesen ist.
Als meine beste Freundin letzte Woche in Panik geriet, weil sie auch zwei Tage vor der Mathearbeit den Stoff nicht verstanden hatte, haben wir uns zusammengesetzt und die Aufgaben gemeinsam gelöst. Ich werde nie vergessen, wie dankbar sie mir war, als sie eine Drei geschrieben hatte.

▸ Ü 11–12, 20

Aufgabe 93

Der Hauptteil

Untersteiche im Hauptteil mit unterschiedlichen Farben These, Begründung und Beispiel.

Aufgabe 94

Der Hauptteil

Überlege dir, ob Tina all die Merkmale genannt hat, die du gefunden hast. Welche könnte man noch ergänzen?

Aufgabe 95

Der Schluss

Ohne einen Schluss hängt ein Aufsatz „in der Luft". Denn ebenso wie eine gute Einleitung trägt ein abrundender Schluss erheblich zu einem gelungenen Aufsatz bei. Entscheide, welcher Schluss am besten Tinas Erörterung beendet.

a) Wie diese Beispiele zeigen, besteht jede gute Freundschaft aus einem gegenseitigen Geben und Nehmen. Nur wer sich mit Ehrlichkeit und Anteilnahme auf eine solche Beziehung einlassen kann, wird gute Freundschaft erleben oder selbst ein guter Freund sein.

b) Damit habe ich nun alle wichtigen Merkmale von guten Freunden aufgeführt und hoffe, dass ich keine vergessen habe.

c) Übrigens gehört auch Ehrlichkeit zu einem guten Freund. Denn ohne Ehrlichkeit kann eigentlich keine Beziehung gelingen.

Aufgabe 96

Einen Antrag formulieren

▸ Ü 11–12, 20

Überlege dir, in welcher Situation ein Antrag geschrieben werden sollte.

a) Du willst in Erfahrung bringen, ob in einer Jugendherberge noch Platz für die Schüler deiner Klasse frei ist.

b) Zu deiner Konfirmation wollen dir deine Verwandten ein schönes Geschenk machen. Du sollst ihnen schreiben, was du dir wünschst.

c) Da Petra nach einer Operation Rückenprobleme hat, soll sie für einige Monate nicht am Sportunterricht teilnehmen.

Aufgabe 97

Einen Antrag formulieren

Unterstreiche in diesem Schreiben die Begründung.

Carola und Peter Schneider
Abtsleite 23
97076 Walldorf

Goethegymnasium
Schulleitung
Fronhof 24
97076 Walldorf

Torsten Schneider, Klasse 8b

Sehr geehrte Mitglieder der Schulleitung,

hiermit beantragen wir, unseren Sohn Torsten Schneider zu Halbjahresbeginn von der 8. Klasse in die 7. Jahrgangsstufe zurückzuversetzen.
Torsten hat in den vergangenen zehn Monaten krankheitsbedingt 14 Unterrichtswochen versäumt und daher sehr schlechte Noten. Es ist abzusehen, dass er bis zum Schuljahrsende seinen Leistungsabfall nicht ausgleichen kann. Eine Rückversetzung in die 7. Klasse würde es ihm ermöglichen, seine fehlenden Kenntnisse wieder aufzubauen.
Wir bitten, diesem Antrag stattzugeben.

Mit freundlichen Grüßen

Carola und Peter Schneider

▸Ü 11–12, 20

Aufgabe 98

Einen Antrag formulieren

Formuliere einen Antrag für die folgende Situation:

Sabrina hat beinahe täglich Nachmittagsunterricht und ist wegen einer schlechten Zugverbindung erst gegen 18.00 Uhr wieder zu Hause. Wenn sie nachmittags den Unterricht zehn Minuten früher verlassen könnte, würde sie bereits um 17.00 Uhr daheim sein.

Aufgabe 99

Intentionen von Sachtexten beachten

Handelt es sich bei dieser Zeitungsmeldung um einen darstellenden, einen kommentierenden oder einen appellierenden Text? Welche Intention verfolgt der Verfasser?

Schüler Opfer von Gewalt

Am vergangenen Montag wurde ein Schüler in der Linie 3 Richtung Mainbernstraße Opfer brutaler Gewalt. Der Fahrer beobachtete, dass der 14-jährige Peter K. bei einem Bremsmanöver gegen einen anderen Jugendlichen geschleudert wurde. Dieser reagierte sofort aggressiv, indem er Peter K. packte und beschimpfte. Dabei wurde er von anderen Jugendlichen unterstützt. Etwa 3-4 Jugendliche traten auf Peter K. ein und warfen ihn bei Haltestelle Ettnerplatz aus der Bahn, wobei er sich Prellungen und Verstauchungen zuzog. Offenbar griff keiner der Fahrgäste ein. Die Polizei ermittelt und bittet Zeugen, sich zu melden.

Aufgabe 100

Intentionen von Sachtexten beachten

Verfasse einen kurzen Leserbrief, in dem bedauert wird, dass kein Fahrgast Peter K. zu Hilfe kam.

Aufgabe 101

Intentionen von Sachtexten beachten

Verfasse den Text für einen Aushang in öffentlichen Verkehrsmitteln. Fahrgäste sollen aufgefordert werden, Fälle von Gewaltanwendung nicht zu dulden.

▸ Ü 13 – 19

7./8. Schuljahr

Aufgabe 102

Ein Schaubild erläutern

Werte das folgende Diagramm aus und schreibe einen gut formulierten, zusammenhängenden Text.

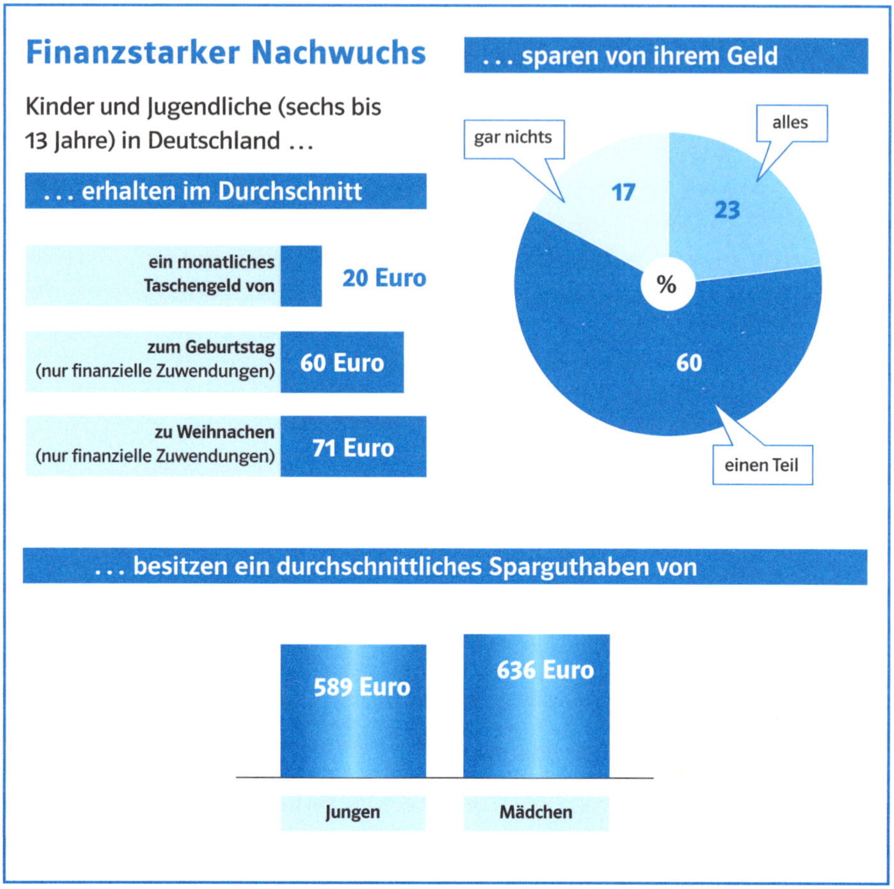

Du kannst auf folgende Weise beginnen:

Auf diesem Schaubild kann man erkennen, dass deutsche Kinder zwischen sechs und 13 Jahren im Durchschnitt recht viel Geld zur Verfügung haben. In einem Balkendiagramm erhält man Informationen über die Einnahmequellen der Kinder. ...

Mit Texten umgehen

▸ Ü 13 – 19

Aufgabe 103

Einen Sachtext entschlüsseln

Den folgenden Text hat Marco mit Markierungen und Unterstreichungen bearbeitet. Lies ihn dir gründlich durch.

Wenn es mit der Wirtschaft bergab geht, haben Einzelhändler ihre liebe Not, Kunden in die Geschäfte zu locken. Sie bieten Schnäppchen und Rabatte ohne Ende an, aber die Verbraucher blicken mit Sorge in die Zukunft und üben sich in Sparsamkeit. Denn wer weiß schon, ob der Arbeitsplatz sicher ist.

Wenn es jedoch um den Nachwuchs geht, ist das Verhalten von Eltern und Verwandten von Großzügigkeit bestimmt. Ob beim Geldgeschenk zum Geburtstag oder bei der Belohnung für die Eins in Mathe: Auch in wirtschaftlich schlechten Zeiten wird an den Kindern zuletzt gespart.

Jahr für Jahr haben Kinder und Jugendliche mehr Taschengeld und geben es auch fleißig aus. In der Altersgruppe von 6 bis 13 Jahren hat sich das durchschnittliche Taschengeld von 18 auf 20 Euro erhöht und wird nach wie vor am liebsten in Süßigkeiten, Comics oder Zeitschriften umgesetzt; in den letzten Jahren spielt bei diesen Ausgaben auch das Handy eine wachsende Rolle.

So kommt es, dass die 6 Millionen Kinder und Jugendlichen zwischen 6 und 13 eine hohe Kaufkraft haben: Trotz sinkender Einkommen der Familien und eines wachsenden Anteils von Kindern, die von der Sozialhilfe leben, haben Kids viel Geld zur Verfügung: Auf sechs Milliarden Euro schätzt man deren Finanzkraft, ein Betrag, der durchaus die Umsätze vieler Unternehmen ankurbeln kann.

Wo findest du anhand der Markierungen bzw. Unterstreichungen die Antworten auf folgende Fragen bzw. Aufgaben?

a) Markiere in jedem Absatz den Schlüsselbegriff. Zeilen ________

b) Wie viele Kinder und Jugendliche gibt es in Deutschland im Alter zwischen 6 und 13 Jahren? Zeilen ________

c) Wofür geben sie ihr Taschengeld bevorzugt aus? Zeilen ________

d) Wie versuchen Händler, Kunden in ihre Läden zu locken? Zeilen ________

e) Müssen Kinder und Jugendliche unter der schlechten Wirtschaftslage leiden? Zeilen ________

▸ Ü13–19

Aufgabe 104

Einen Sachtext entschlüsseln

Um welche Textart handelt es sich in Aufgabe 103? Begründe deine Antwort.

Aufgabe 105

Einen Sachtext entschlüsseln

Entscheide dich für die Überschrift, die am besten zu dem Text passt.

a) **Deutsche Kinder und Jugendliche leben von der Sozialhilfe**

b) **In Deutschland haben Kinder und Jugendliche eine hohe Kaufkraft**

c) **Familien werden immer ärmer**

Aufgabe 106

Einen Sachtext entschlüsseln

Formuliere aus den Schlüsselbegriffen zu jedem Absatz eine zusammenfassende Zwischenüberschrift.

a) ______________________________

b) ______________________________

c) ______________________________

d) ______________________________

Ü 13 – 19

Aufgabe 107

Eine Inhaltsangabe verfassen

Jenny aus Amerika schickt Meike eine verzweifelte E-Mail: „Hilfe! Morgen werde ich in meinem Deutschkurs geprüft und muss etwas über Anne Franks Tagebuch wissen. Bitte maile mir eine Inhaltsangabe!" Entscheide, welche der gemailten Inhaltsangaben Jenny am besten weiterhelfen kann.

a) Anne Frank ist ein jüdisches Mädchen, das 1942 mit seiner Familie Zuflucht in einem Hinterhaus vor den Deutschen findet. Hier verbringen sie etwa zwei Jahre zusammen mit anderen Verfolgten. Später werden sie verraten und entdeckt. Die Familie kommt ins KZ, wo Anne stirbt. Das allerdings kommt in dem Buch nicht vor.

b) Das „Tagebuch der Anne Frank" enthält die Aufzeichnungen des jüdischen Mädchens Anne, das sich zusammen mit seiner Familie in einem Amsterdamer Hinterhaus vor den Nazis verstecken musste.

Die Einträge beginnen im Juli 1942, als Anne das Tagebuch zum 13. Geburtstag geschenkt bekommt und das Leben eines ganz normalen Schulmädchens führt. Schon einen Monat später muss sie mit ihren Eltern und ihrer Schwester Margot Zuflucht in einem vorbereiteten Versteck suchen. In diesem Hinterhaus leben noch vier weitere Verfolgte, darunter ein Junge namens Peter mit seinen Eltern. Mehr als zwei Jahre verbringen diese Menschen in drangvoller Enge und ständiger Angst. Trotzdem enthalten Annes Aufzeichnungen aber auch die Beschreibung des Alltags einer Dreizehnjährigen mit Familienkonflikten, Verliebtheit, Wünschen und Träumen und Lernerfahrungen.

Das Tagebuch endet im August 1944. Dem Nachwort ist zu entnehmen, dass die Verfolgten entdeckt und in deutsche KZs gebracht werden, wo Anne Anfang 1945 stirbt.

Dieses Buch ist ein erschütterndes Dokument der Judenverfolgung. Es wurde in nahezu alle Sprachen der Welt übersetzt und millionenfach gedruckt.

▸Ü 13 – 19

7./8. Schuljahr

Aufgabe 108

Eine Inhaltsangabe verfassen

Warum könnte Jenny mit der Inhaltsangabe a) nur wenig anfangen?

Aufgabe 109

Eine Inhaltsangabe verfassen

Untersuche Text b) genauer.

a) Überprüfe, ob alle für eine Einleitung erforderlichen Angaben (Titel, Verfasser, Textsorte, Hauptpersonen, Ort und Zeit des Geschehens) vorhanden sind und unterstreiche sie.

b) Im Hauptteil werden fünf Handlungsschritte unterschieden. Ergänze die Aufzeichnungen.

Juni 1942 ______________________________

____

Juli 1942 ______________________________

____

Die folgenden 2 Jahre ______________________________

____

August 1944 ______________________________

____

Nachwort ______________________________

____

c) Unterstreiche die Bewertung im Schluss.

Mit Texten umgehen

Ü 13 – 19

Aufgabe 110

Eine Inhaltsangabe verfassen

Belsazar

Die Mitternacht zog näher schon;
In stiller Ruh' lag Babylon.
Nur oben in des Königs Schloss,
Da flackert's, da lärmt des Königs Tross.
Dort oben in dem Königssaal
Belsazar hielt sein Königsmahl.
Die Knechte saßen in schimmernden Reihn
und leerten die Becher mit funkelndem Wein.
Es klirrten die Becher, es jauchzten die Knecht'
So klang es dem störrigen Könige recht.
Des Königs Wangen leuchten Glut;
Im Wein erwuchs ihm kecker Mut.
Und blindlings reißt der Mut ihn fort;
Und er lästert die Gottheit mit sündigem Wort.
Und er brüstet sich frech und lästert wild;
Die Knechteschar ihm Beifall brüllt.
Der König rief mit stolzem Blick;
Der Diener eilt und kehrt zurück.
Er trug viel gülden Gerät auf dem Haupt;
Das war aus dem Tempel Jehovas geraubt.
Und der König ergriff mit frevler Hand
Einen heiligen Becher, gefüllt bis am Rand.
Und er leert ihn hastig bis auf den Grund,
Und rufet laut mit schäumendem Mund:
Jehova! Dir kund ich auf ewig Hohn
Ich bin der König von Babylon!
Doch kaum das grause Wort verklang,
Dem König ward's heimlich im Busen bang.
Das gellende Lachen verstummte zumal;
Es wurde leichenstill im Saal.
Und sieh! Und sieh! An weißer Wand
Da kam's hervor wie Menschenhand;
Und schrieb und schrieb an weißer Wand
Buchstaben von Feuer, und schrieb und schwand.
Der König stieren Blicks da saß,
Mit schlotternden Knien und totenblass.
Die Knechtschar saß kalt durchgraut
Und saß gar still, gab keinen Laut.
Die Magier kamen, doch keiner verstand
Zu deuten die Flammenschrift an der Wand.
Belsazar ward aber in selbiger Nacht
Von seinen Knechten umgebracht.

Heinrich Heine (1797–1856)

Ü 13–19

Schreibe zu der Ballade von Heinrich Heine eine Inhaltsangabe. Lies dir den Text zuvor mehrfach gut durch.
Folgende Angaben helfen dir, den Text zu verstehen und die Einleitung zu formulieren.

Belsazar war ein babylonischer Kronprinz, der seit 551 vor Chr. die Regierungsgeschäfte führte und 539 starb. Im Alten Testament wird er als Gotteslästerer geschildert, dem durch eine Schrift an der Wand (das sogenannte Menetekel) der bevorstehende Untergang seines Reiches verkündet wurde.
Jehova ist die biblische Bezeichnung für Gott. Unter „Magiern" versteht man die Weisen, die Unerklärliches deuten können.

Formuliere die Inhaltsangabe mit Einleitung, Hauptteil und Schluss im Präsens.

Aufgabe 111

Literarische Texte untersuchen und umwandeln

Überprüfe dein Fachwissen über epische Texte, indem du die Antworten richtig zuordnest und in das Raster einträgst.

1. Wodurch unterscheidet sich ein Roman von einer Erzählung bzw. Novelle?
2. Nenne vier Merkmale einer Kurzgeschichte.
3. Was haben Sagen, Märchen, Fabeln und Legenden gemeinsam?
4. Was ist der Unterschied zwischen der Erzählperspektive eines Ich-Erzählers, eines Er-Erzählers und der erlebten Rede?
5. Was versteht man unter einer „inneren Handlung"?
6. Was ist eine Rahmenhandlung?
7. Wozu dienen Rückblicke oder Vorausdeutungen?
8. Was versteht man unter einer Spannungskurve?
9. Was ist der Unterschied zwischen Raffung und Dehnung?

a) Der Ich-Erzähler vermittelt das Geschehen aus seiner persönlichen Perspektive; der Er-Erzähler steht über dem Geschehen und weiß mehr über Vergangenheit und Zukunft als die handelnden Personen. Bei der erlebten Rede erfährt der Leser die Gedanken einer literarischen Person unmittelbar, er befindet sich in ihrem Bewusstsein.

b) Sie beginnt unvermittelt und endet mit einem offenen Schluss. Das Geschehen wird knapp einem Höhepunkt zugeführt. Der Leser bekommt kein Hintergrundwissen über die Personen.

Ü 13 – 19

c) Die Handlung spielt sich in der Gedanken- und Gefühlswelt einer Person ab.

d) Die Abfolge einzelner Erzählabschnitte wird so aufgebaut, dass sie sich in Form einer Steigerung auf einen Höhepunkt hin entwickeln.

e) In ihnen tritt die Alltagswelt zurück.

f) Sie bettet das eigentliche Geschehen (die Binnenerzählung) ein und vermittelt dadurch Kontrast oder Tiefe.

g) Dadurch erhält der Leser mehr Informationen über Hintergrund des Geschehens bzw. dessen Fortsetzung.

h) Bei der Raffung wird ein größerer Zeitraum in wenigen Sätzen zusammengefasst, bei der Dehnung wird ein kurzer Moment ausführlich beschrieben.

i) Ein Roman ist im Allgemeinen länger und enthält mehrere Handlungsstränge.

1. ___ 2. ___ 3. ___ 4. ___ 5. ___ 6. ___ 7. ___ 8. ___ 9. ___

Aufgabe 112

Literarische Texte untersuchen und umwandeln

Lies folgende Angaben, die in einem Nachschlagewerk über dramatische Texte nachzulesen sind, und unterstreiche die wichtigsten Begriffe.

Dramatische Texte sind eigentlich keine Lesetexte, sondern sollen auf einer Bühne, in einem Film oder in Form eines Hörspiels von Schauspielern oder Sprechern umgesetzt werden.
Bei einer solchen Umsetzung wird in einem beschränkten Zeitraum ein Ereignis vor dem Publikum entwickelt, zu einem Höhepunkt gebracht und zu einem wirkungsvollen Ende geführt.
In traditionellen dramatischen Texten entfaltet sich die Handlung in drei oder fünf Akten, die wiederum in Szenen unterteilt sind. Es gibt jedoch auch Einakter oder Sketche, in denen sich das Geschehen in einem kürzeren Zeitraum zu einem Höhepunkt hin entwickelt.
Tragödien sind dramatische Texte, die den Untergang einer oder mehrerer Figuren zum Thema haben; in Komödien verwandelt sich eine zunächst verwickelte Ausgangslage zu einem guten Ende.
Die Handlung eines dramatischen Textes entfaltet sich in Dialogen (Zwiegesprächen) und Monologen (Selbstgesprächen).
Szenenanweisungen geben an, wie man sich das Umfeld vorzustellen hat und in welcher Verfassung die handelnden Personen sind.

▸ Ü 13 – 19

Aufgabe 113

Literarische Texte untersuchen und umwandeln

Ergänze in den nachfolgenden Erläuterungen die fehlenden Überschriften:

a) **Welche Besonderheiten gibt es in lyrischen Texten?**
b) **Welche formalen Merkmale zeichnen ein Gedicht aus?**
c) **Welche Wirkung hat das Gedicht auf mich?**
d) **Welche sprachlichen Merkmale lassen sich erkennen?**

Untersuchungsfragen zu lyrischen Texten

(1) ____

Das Wort „Gedicht" weist darauf hin, dass es sich in lyrischen Texten um eine verdichtete, konzentrierte Form der Aussage handelt, die dem Leser oder Zuhörer mithilfe von Klang und Rhythmus zugänglich gemacht werden soll. Dazu dient die Einteilung in **Strophen**, welche die einzelnen Verse (Zeilen eines Gedichts) verknüpfen und den Inhalt gliedern, sowie die Verwendung eines **Reimschemas**, das den Klang bestimmt.
Hinzu kommt das **Versmaß**, das mithilfe von Hebungen (betonte Silben) und Senkungen (nicht betonte Silben) den einzelnen Versen einen Rhythmus verleiht.

Beispiel:

Ich gíng im Wálde (a)

So fǘr mich hín (b)

Und níchts zu súchen (c)

Das wár mein Sínn. (b)

Johann Wolfgang von Goethe (1749–1832)

(Das Zeichen ´ steht für Hebung; (a), (b), (c) bezeichnen das Reimschema).

Ü 13–19

7./8. Schuljahr

Mit Texten umgehen

Ü 13 – 19

(2) ____________________

In Gedichten soll der Leser auf der Gefühlsebene angesprochen werden. Mithilfe von

Symbolen („Herz" für Liebe),
Metaphern (die „Krone" der Schöpfung),
Vergleichen („schön wie die Sonne")
Personifikation (der Sturm „tobte")
Lautmalerei („dunkles Donnern") und
Alliteration („wallende, wogende Wellen")

wird in Gedichten die Aussage bildhaft oder hörbar ausgedrückt und so verschlüsselt, dass der Leser zu Gedankenverbindungen angeregt wird.

(3) ____________________

Eine Sonderform der Lyrik sind die **Balladen**, bei denen ein erzähltes Geschehen im Vordergrund steht. Damit ähneln sie epischen Texten, aber im Gegensatz dazu enthalten die Erzählgedichte Strophen, Reimschema und Versmaß.
In modernen lyrischen Texten gibt es oft keine Einteilung in regelmäßige Strophen mit Endreimen oder einem wiederkehrenden Versmaß. Dennoch wird mithilfe von **sprachlicher Verschlüsselung** und rhythmischen Elementen eine verdichtete Aussage übermittelt.

(4) ____________________

Ein Gedicht sollte man nicht nur still, sondern auch laut lesen. Wenn man den Klang der Wörter und Reime, den Rhythmus des Versmaßes und die Lautmalerei **hört**, kann man den Text verstärkt auf sich wirken lassen und kommt der Aussage leichter auf die Spur. Dunkle Vokale (a, o, u) erzeugen oft eine düstere, traurige Stimmung; helle (e, i, ei) dagegen eine heitere.

Aufgabe 114

Literarische Texte untersuchen und umwandeln

Schreibe eine Zeitungsmeldung zu dem Geschehen in Heinrich Heines „Belsazar". Du kannst die Ballade in diesem Buch auf Seite 87 nachlesen.

König Belsazar – Opfer eines Mordanschlags

...

Aufgabe 115

Eine Textbeschreibung verfassen

Notiere die einzelnen Handlungsabschnitte bei der Spannungskurve zu Heinrich Heines Ballade „Belsazar".

Ausgangslage: Der König hält mit seinem Gefolge ein Trinkgelage in seinem Schloss ab.

1. Steigerung ______________________________

2. Steigerung ______________________________

____

Höhepunkt ______________________________

____

Abfall der Kurve ______________________________

Schluss ______________________________

Aufgabe 116

Eine Textbeschreibung verfassen

Das Thema einer anderen Textbeschreibung lautet: „Heinrich Heine gelingt es in ‚Belsazar', das Geschehen so darzustellen, dass man sich den Anblick und die Geräusche gut vorstellen kann. Weise dies anhand der Verben und Adjektive in diesem Text nach."
Notiere hier Verben und Adjektive aus dem Text.

Anblick	Geräusche
flackern, schimmernd, ______	*still, lärmen,* ______
______	______
______	______
______	______
______	______
______	______

7./8. Schuljahr

Mit Texten umgehen

Ü 13–19

Aufgabe 117

Typen der freien Erörterung

Wir unterscheiden zwei Typen der freien Erörterung: die lineare und die dialektische Erörterung. Die **lineare oder einsträngige Erörterung** konzentriert sich auf das Zusammentragen von Argumenten und Beispielen, die deine Ausführungen belegen. Sie dient dazu, **eine Position** überzeugend darzustellen.

Die **dialektische** oder **pro- und contra-Erörterung** gleicht eher einer richtigen Diskussion, da sie **Argumente und Gegenargumente** mit einbezieht, um zu einer **ausgewogenen Stellungnahme** bzw. Schlussfolgerung zu kommen.

Im Gegensatz zur einsträngigen Erörterung musst du dich hier mit **kontroversen Sachverhalten** auseinandersetzen. Dabei ist es erforderlich, selbst dann Gegenpositionen zu berücksichtigen, wenn du persönlich diese ablehnst.

Um entscheiden zu können, wie du vorgehen musst, ist es also wichtig, zu erkennen, welcher Aufgabentyp der freien Erörterung vorliegt. Du kannst dies an den folgenden Beispielen trainieren, die typischen Themenfeldern von Erörterungen entnommen sind.
Kreuze die jeweilige Form der Erörterung an, die sich aus der Aufgabenstellung ergibt.

Aufgabenstellung	linear	dialektisch
Modernes Leben		
1. Schönheitsoperationen kommen immer mehr in Mode. Erörtere die Gründe für diese Entwicklung!	☐	☐
2. „Ohne mein Handy könnte ich nicht leben." Setze dich mit dieser Behauptung auseinander!	☐	☐
Medien		
3. Auf der Jagd nach Schlagzeilen dringen Journalisten häufig stark in die Privatsphäre ein. Da Appelle an eine Selbstzensur offenbar wenig nutzen, sollte zum Schutz des Einzelnen die Pressefreiheit eingeschränkt werden. Erörtere, inwieweit du dieser Meinung zustimmen kannst!	☐	☐
4. In sogenannten Reality-TV Sendungen (z. B. „Big Brother", „Ich bin ein Star – Holt mich hier raus") werden Menschen immer mehr entblößt und erniedrigt. Erörtere die Hintergründe für diese Entwicklung und nimm Stellung dazu!	☐	☐

▸ Ü 20

Aufgabenstellung	linear	dialektisch
5. „Der Informationswert des Fernsehens strebt gegen Null." Setze dich mit dieser Meinung auseinander!	☐	☐
6. Computerspiele sollten verboten werden. Setze dich mit dieser These auseinander!	☐	☐
Politik/Gesellschaft		
7. Soziales Engagement lässt immer mehr nach. Erörtere die Ursachen für diesen Trend!	☐	☐
8. Nach der Schule sollte jeder ein soziales Pflichtjahr ableisten. Erörtere, ob du dieser Auffassung zustimmen kannst!	☐	☐
9. Deutschland – ein Einwanderungsland. Erörtere Chancen und Probleme dieser Entwicklung!	☐	☐
Schule		
10. Für Klassenfahrten und andere Aktivitäten fällt zu viel Unterricht aus. Erörtere, ob solche außerunterrichtlichen Veranstaltungen sinnvoll sind oder ob sie abgeschafft werden sollten!	☐	☐
11. Jungen und Mädchen lernen besser, wenn das andere Geschlecht nicht da ist. Überprüfe, inwieweit du dem zustimmen kannst und erörtere, wie die Schule der Zukunft damit umgehen sollte!	☐	☐
12. „Warum müssen wir das langweilige Zeug lernen? Das braucht man später sowieso nicht." Setze dich mit dieser Schüleräußerung auseinander!	☐	☐
Arbeit und Beruf		
13. Die Jugendarbeitslosigkeit nimmt immer mehr zu. Erörtere, welche Gründe es dafür gibt und wie man Abhilfe schaffen könnte!	☐	☐

▸Ü 20

Aufgabe 118

Typen der freien Erörterung

Suche aus den zuvor genannten Aufgabenstellungen zwei sprachliche Varianten heraus, die typisch für eine pro- und contra-Erörterung sind und schreibe sie auf.

Aufgabe 119

Die lineare Erörterung – Arbeitsschritte

Erstelle eine ungeordnete Stoffsammlung zu folgenden Themen:

a) Schönheitsoperationen kommen immer mehr in Mode. Erörtere die Gründe für diese Entwicklung.

b) „Wir leben in einem Computerzeitalter." Erörtere die Bedeutung des Computers in unserem heutigen Leben und nimm zu der Aussage Stellung.

Aufgabe 120

Die lineare Erörterung – Arbeitsschritte

Zu dem Thema „Soziales Engagement lässt immer mehr nach. Erörtere die Ursachen für diesen Trend!" liegt dir die folgende (noch ungeordnete) Stoffsammlung vor.

- schulische Verpflichtungen
- Egoismus
- wir leben in einer gefühlskalten Welt
- Deutschland als „kollektiver Freizeitpark" (Ex-Bundeskanzler Kohl)
- soziale Berufe?
- Zeit
- freiwilliges soziales Jahr
- als Klassensprecher hat man nur Ärger / unangenehme Pflichten
- „Jeder ist sich selbst der Nächste"
- Nachmittagsunterricht
- Beruf lässt keine Zeit
- Zivildienst
- Vorbilder?
- Kapitalismus
- ehrenamtliches Engagement wird nicht honoriert
- Formen von sozialem Engagement?
- Klassensprecher will bei uns niemand werden
- soziale Berufe werden schlecht bezahlt
- Wo kann man soziales Engagement lernen, wo wird einem das beigebracht?
- Bedeutung von sozialem Engagement für die Gesellschaft
- Rolle der Eltern?
- Rolle der Schule?
- jeder will nur seinen Spaß haben
- sozialer Einsatz kann belastend sein (Umgang mit Kranken, Sterbenden)

Strukturiere die Stoffsammlung anhand übergeordneter Aspekte in einer Mindmap.

▸ Ü 20

Aufgabe 121

Die lineare Erörterung – Arbeitsschritte

Erstelle nach entsprechenden Vorarbeiten eine Gliederung zum Thema: Erörtere die Gründe für das Desinteresse Jugendlicher gegenüber der Politik!

Aufgabe 122

Die dialektische Erörterung – Arbeitsschritte

Die Aufgabenstellung einer Erörterung lautet: Computerspiele sollten verboten werden. Setze dich mit dieser These auseinander! Erstelle hierzu eine ungeordnete Stoffsammlung.

Aufgabe 123

Die dialektische Erörterung – Arbeitsschritte

Erstelle jeweils eine aspektbezogene Gliederung zu folgenden Erörterungsthemen:

a) Für Klassenfahrten und andere Aktivitäten fällt zu viel Unterricht aus. Erörtere, ob solche außerunterrichtlichen Veranstaltungen sinnvoll sind oder ob sie abgeschafft werden sollten!

b) Deutschland – ein Einwanderungsland. Erörtere Chancen und Probleme dieser Entwicklung!

Formuliere zunächst stichwortartig, ob du der Ausgangsthese eher positiv oder negativ gegenüberstehst. Überprüfe dann anhand dieser Stichwortliste die Anordnung deiner Argumente.

▸Ü 20

Aufgabe 124

Die sprachliche Gestaltung

Die Aufgabenstellung einer Erörterung lautet:

Der Informationswert des Fernsehens strebt gegen Null. Setze dich mit dieser Meinung auseinander!

Im folgenden Textausschnitt legt ein Autor seine Gedanken zu diesem Thema dar:

Es ist sicherlich zwischen den öffentlich-rechtlichen und den privaten Sendern wie RTL oder SAT1 zu unterscheiden. Die privaten Fernsehstationen finanzieren sich ausschließlich durch Werbung und sind deshalb auf Zuschauer angewiesen. Deshalb setzen sie auf Unterhaltung und bringen vornehmlich Spielfilme, Quizshows und Soaps wie „GZSZ“. Die öffentlich-rechtlichen Sender bringen ein ziemlich ausgewogenes Angebot an Informations- und Unterhaltungssendungen. Bei den Informationssendungen ist nicht nur an die Nachrichten zu denken, sondern auch an die vielen politischen Magazine (z. B. „Brennpunkt“) oder Talkshows mit hochrangigen Gästen (z. B. „Anne Will“).

Nachrichten auf den privaten Kanälen dienen weniger der Information, sondern eher dem Infotainment, also bestenfalls der informativen Unterhaltung. Dabei werden Fakten zu Sensationen aufgebauscht. Ihre Nachrichten betonen daher auch Unglücksfälle und Katastrophen wie z. B. Überschwemmungen oder Verbrechen. Bei ARD und ZDF dominieren die harten Fakten wie z. B. Arbeitslosenstatistiken oder die Berichte von Staatsbesuchen. Aufmachung und Berichterstattung sind seriös. Hier wird der Zuschauer gut informiert.

Ist der Autor deiner Ansicht nach eher für oder gegen die zu erörternde These? Woran kannst du das erkennen?

Aufgabe 125

Die sprachliche Gestaltung

Welche übergeordneten Gesichtspunkte kannst du als Gliederungsprinzip feststellen?

▸Ü 20

Aufgabe 126

Die sprachliche Gestaltung

Schreibe einen neuen Text, in welchem du den Ausschnitt der Erörterung durch gewichtende Formulierungen verbesserst und eine Steigerung der Argumentation sprachlich deutlich machst.

Aufgabe 127

Die sprachliche Gestaltung

Verfasse nach den entsprechenden Vorarbeiten (Stoffsammlung, Gliederung) den Hauptteil einer Erörterung für die folgende Aufgabenstellung:

Auf der Jagd nach Schlagzeilen dringen Journalisten häufig stark in die Privatsphäre ein. Da Appelle an eine Selbstzensur offenbar wenig nutzen, sollte zum Schutz des Einzelnen die Pressefreiheit eingeschränkt werden. Erörtere, inwieweit du dieser Meinung zustimmen kannst!

Aufgabe 128

Der Rahmen einer Erörterung – die Einleitung

Verfasse eine Einleitung mit einem Beispiel aus deinem persönlichen Erfahrungsbereich zu folgendem Erörterungsthema:

„Ohne Handy könnte ich nicht leben." Setze dich mit dieser Behauptung auseinander!

Aufgabe 129

Der Rahmen einer Erörterung – die Einleitung

An folgendem, kontroversen Thema „In Klasse 10 werden häufig Fahrten zu nationalsozialistischen Gedenkstätten (z. B. Konzentrationslagern) unternommen. Nimm Stellung dazu, inwieweit solche Fahrten sinnvoll sind!" kannst du mehrere Teilbereiche einer Erörterung üben.

a) Konzipiere eine Einleitung unter Verwendung einer rhetorischen Frage.

b) Überlege einen beliebigen übergeordneten Aspekt für den Hauptteil und führe diesen mit pro- und contra-Argumenten aus. Denke dabei sowohl an die Anordnung der Argumente als auch an die sprachliche Gestaltung.

▸ Ü 20

Aufgabe 130

Der Rahmen einer Erörterung – der Schluss

Verfasse einen Schluss zu der Erörterung, die du bereits begonnen hast. Das Thema lautet:

In Klasse 10 werden häufig Fahrten zu nationalsozialistischen Gedenkstätten (z. B. Konzentrationslagern) unternommen. Nimm Stellung dazu, inwieweit solche Fahrten sinnvoll sind!

Achte darauf, dass der Schluss zur Einleitung und der Anordnung der Argumente passt.

Aufgabe 131

Der Rahmen einer Erörterung – der Schluss

Für den Hauptteil der folgenden Erörterung ist die nachstehende Gliederung erstellt worden.

In sogenannten Reality-TV Sendungen (z. B. „Big Brother", „Ich bin ein Star – Holt mich hier raus") werden Menschen immer mehr entblößt und erniedrigt. Erörtere die Hintergründe für diese Entwicklung und nimm Stellung dazu!

Gliederung des Hauptteils:

1. Definition von Reality-TV Sendungen

2. Trends von Privatsendern zu immer größerer Freizügigkeit und Gewalt
2.1 Fortgesetzte Tabubrüche (z. B. Gewaltdarstellungen)
2.2 Eindringen in die Privatsphäre (z. B. bei Talkshows)

3. Bedeutung von Einschaltquoten
3.1 Starke Konkurrenz auf dem Fernsehmarkt
3.2 Werbeeinnahmen

4. Prominente nutzen Sendungen, um sich in Erinnerung zu rufen
4.1 Image-Pflege
4.2 Finanzielle Gründe

5. Voyeurismus der Zuschauer (Lust am Leid, Interesse an Geheimnissen anderer)

6. Zuschauer wollen immer größere Sensationen
6.1 Sex vor laufender Kamera
6.2 Kakerlaken am Körper

Entwirf nun eine persönliche Stellungnahme für den Schluss der Erörterung, der die Gliederung berücksichtigt!

▸ Ü 20

Aufgabe 132

Die anlassbezogene Erörterung

Als Mittelstufensprecher kennst du das umfangreiche Angebot an außerunterrichtlichen Aktivitäten an deiner Schule. Diese sollen von der Schulleitung wegen des dadurch verursachten Unterrichtsausfalls nun deutlich eingeschränkt werden. Schreibe den Beginn einer Rede für die nächste SMV-Sitzung. Berücksichtige dabei die folgende aspektbezogene Gliederung

1. Unterrichtsausfall
1.1 Unterrichtsausfall durch Aktivitäten
1.2 Mehr Unterrichtsausfall durch Abitur, Konferenzen, Lehrerfortbildung

2. Gemeinschaft erleben
2.1 Gruppenarbeit, Teamarbeit, sportlicher Wettkampf in der Schule fördert Gemeinschaft
2.2 Starkes Gemeinschaftserlebnis im Schullandheim, gemeinsame Aktivitäten außerhalb der Schule fördern Kennenlernen in stärkerem Maße

3. Lernerfolg/Fortschritt
3.1 Stoff des Bildungsplans muss durchgebracht werden; Fülle des Stoffes
3.2 Anschauliches Lernen vor Ort (Betriebsbesichtigung)
3.3 Man kann nicht alles aus Büchern lernen, um es zu verstehen (z. B. Fahrten zu Konzentrationslagern).

▸Ü 20

▸Ü 21

Aufgabe 133

Aufgabenstellung

In Klasse 10 lernst du als Weiterentwicklung der **freien Erörterung** die Form der **textgebundenen Erörterung** kennen.
Die Texte, die dir bei der textgebundenen Erörterung vorgelegt werden, sind Sachtexte, die sich auf ein bestimmtes Thema beziehen, das nicht zu speziell ist. Solche Themen können aus den Bereichen Jugend, Kultur, Sport, Gesellschaftspolitik oder Medien kommen.
Wichtig ist auch hierbei, dass du den vorliegenden Text angemessen erfasst (wie ein Zitat bei der freien Erörterung). Daran schließt sich dann eine Erörterungsaufgabe an, bei der du grundsätzlich vorgehen kannst wie bei der freien Erörterung.

Handelt es sich bei den folgenden Arbeitsanweisungen zur Texterschließung um eine vornehmlich inhaltliche Erfassung oder sollst du eine intensive Analyse vornehmen?
Um die Frage zu beantworten, brauchst du die Texte nicht zu kennen;
es geht hier nur darum, die Aufgabenstellung angemessen zu erfassen.

Aufgabenstellung	inhaltlich erfassen	intensiv analysieren
a) Gib den Gedankengang des Verfassers wieder.	☐	☐
b) Arbeite den Argumentationsgang des Verfassers heraus und untersuche die sprachlichen Mittel, die diesen stützen.	☐	☐
c) Erläutere, was im vorliegenden Text unter „Selbstverwirklichung“ verstanden wird.	☐	☐
d) Arbeite aus dem Text heraus, welche Gedanken über die „Berichterstattung über Gewalt“ der Verfasser entwickelt.	☐	☐
e) Arbeite die Intention des Verfassers heraus und zeige, wie er beim Leser Wirkung erzielen will.	☐	☐
f) Arbeite die zentralen Gedanken des Textes heraus und untersuche, wie der Verfasser diese darlegt.	☐	☐
g) Arbeite aus dem Text heraus, wie der Verfasser die Situation der heutigen Jugend sieht.	☐	☐

Aufgabe 134

Die Einleitung

Unser Jugendkult

Es gibt nichts Vergänglicheres als die Jugend. Sie verrauscht im Hui. Und je älter wir werden, desto kürzer wird sie – relativ gesehen. Die Anstrengungen, sich jung zu fühlen, sich jung zu geben und alle nur denkbaren Möglichkeiten zu nutzen, um die schleichende Vergreisung zu verbergen, nehmen infolgedessen gewaltig zu. Manche bleiben im Kopf jünger, manche nur in den Beinen. Jedenfalls tut jeder, was er kann, um nicht zum alten Eisen zu gehören. Das war einmal anders. […] tatsächlich haben in der Menschheitsgeschichte nahezu ausschließlich die Alten, wenn nicht die Greise, den Ton angegeben. […]

Die ganze Herrschafts- und Sexualmoral dieser „Steinzeit" war auf Repression der Jungen durch die Alten aufgebaut. Vornehmlich mit Hilfe der Verbotsgewalt: das darfst du nicht, das tut man nicht, das sagt man nicht.

Etwas wissenschaftlicher formuliert, war diese Erziehungsmethode prohibitiv [verhindernd, abhaltend], auf Verhinderung, Vertagung, Verleugnung angelegt. Man sollte zwar nicht glauben, dass Verbote und Gebote immer befolgt worden seien, alles in allem jedoch haben die Unterdrückungsmechanismen – und um solche handelt es sich ja naturgemäß – ziemlich gut funktioniert. […]

Mittlerweile, wie gesagt, ist alles anders. Ob besser, einfacher, schwieriger, lässt sich auf Anhieb nicht entscheiden. Sicher ist nur eines: die Jugend hat Freiheiten wie nie zuvor. Nicht nur das. Die Leitfigur der Epoche, ja ihre Kultfigur ist der Jugendliche, der möglichst schon in den Windeln seinen Willen zu artikulieren lernt. Autorität, welcher Art auch immer, ist nicht mehr gefragt. Denn heutzutage verstehen sich die Jugendlichen als autonom, befugt und befähigt, frei über sich selbst zu verfügen […].

Dass die Erwachsenen Hilfsdienste aller Art bei der Gestaltung des ersten Lebensabschnittes leisten dürfen, versteht sich von selbst: Zu irgendetwas müssen sie schließlich nütze sein. Doch das Dirigat [wörtlich: Orchesterleitung], um nicht von Kommandogewalt zu sprechen, haben sie verloren.

So bleibt ihnen allenfalls die Zahlungsberechtigung.

Wer diese Entwicklung beklagen wollte, wäre jedoch auf dem falschen Dampfer. Denn es kann ja schwerlich behauptet werden, dass die Jugend früher unter besseren, für ihre Entwicklung günstigeren Bedingungen herangewachsen sei. Man muss nur an die „Hitlerjugend" denken und daran, wozu sie verführt werden konnte, um sich diese Behauptung abzuschminken. Ohnehin ist es ein müßiges Unterfangen, Vergangenheit und Gegenwart gegeneinander auszuspielen. Die Veränderungen, mit denen wir es zu tun haben, sind nämlich nicht das Produkt gezielter Planung […], sondern das Resultat struktureller Veränderungen, auf die der Einzelne keinen Einfluss besitzt.

Genau an diesem Punkt setzt aber die Frage an, ob denn die Jugend auf allen Ebenen nur gewonnen und nicht auch einiges verloren hat. Etwa ihre Unschuld, ihre Unbefangenheit, ihre Sorglosigkeit? Denn tatsächlich sind die

Kids eher einem größeren Druck ausgesetzt als einst. Der Schulstress beispielsweise mit dem ständigen Karriererisiko im Nacken, die entnervende Erwartungshaltung der Eltern, die Konsumzwänge, die ständige Reizüberflutung, all das wird für viele zu einer schwer verkraftbaren psychologischen Belastung. […]

Oskar Fehrenbach

Notiere dir Stichworte und lege eine Stoffsammlung an, um die Thematik des Textes zu erfassen.

Aufgabe 135

Die Einleitung

Die Arbeitsanweisung zu einer Erörterung könnte lauten: „Überprüfe, inwiefern die heutige Jugend tatsächlich einem so großen Druck (Z. 42) ausgesetzt ist, und erörtere Strategien, wie mit diesem Druck umgegangen werden kann.“ Mache dir die beiden Teile der Aufgabe klar und notiere entsprechende Stichworte.

Aufgabe 136

Die Einleitung

Formuliere auf der Grundlage deiner bisherigen Überlegungen (Aufgaben 134 und 135) eine Einleitung für eine textgebundene Erörterung.

▸ Ü 21

Aufgabe 137

Wiedergabe von Gedankengängen

Unterteile Fehrenbachs Artikel „Unser Jugendkult“ (S. 103 f.) in Sinnabschnitte (Zeilenangaben) und gib ihnen jeweils eine Überschrift.

Aufgabe 138

Wiedergabe von Gedankengängen

Gib aus Fehrenbachs Artikel ein Beispiel für eine nicht begründete These und ein Beispiel für eine begründete These an.

Aufgabe 139

Wiedergabe von Gedankengängen

Gib Fehrenbachs ersten Abschnitt möglichst eng am Text wieder. Gebrauche dabei sowohl Wendungen, die den Autor mit einbeziehen, wie auch den Konjunktiv I (Konjunktiv II als Ersatzform).

Aufgabe 140

Texterschließung über zentrale Begriffe

Überlege dir, wie Fehrenbach in seinem Zeitungsartikel (S. 103 f.) die Begriffe Jugend, Freiheit, Autonomie (bzw. autonom), Autorität und Druck zueinander in Beziehung setzt.
Stelle die Zusammenhänge in einer Skizze dar. Du kannst dazu auch weitere Begriffe aus dem Text heranziehen.

Aufgabe 141

Sprachlich-rhetorische Mittel

Fröhlichkeit kommt nicht aus Flaschen

Es gibt Jugendliche, die werden als Raucher geboren. Sie gehen sozusagen als geräucherter Säugling an den Start: Das Babybett steht im Elternschlafzimmer, und dort wird nach Herzenslust und sonstiger Lust eben geraucht. Später durchziehen dicke Tabakschwaden die Drei-Zimmer-Neubauwohnung, und der Versuch wird hoffnungslos, das Kinderzimmer gasdicht abzuschirmen. Schließlich bietet der Vater von sich aus eines Tages die erste Zigarette an: „Wo du doch jetzt ein Mann bist – na, einmal darfste!“ Das ist so mit 14. An der Schule zählt man in diesem Alter bereits zur nichtrauchenden Minderheit. Später, mit 16, wird man Außenseiter. Wenn das erste Mädchen sagt: „Gib mir mal eine …“ und man hat keine – da kann man schon zum Raucher werden.

Nicht anders ist es mit dem Trinken. Früh merkt man, dass die Fröhlichkeit erst aus der Flasche kommt. Wenn zu Hause mal richtig was los ist, dann wird hart gebechert, und wieder heißt es eines Tages: „Gebt dem Jungen auch mal einen, der wird ja jetzt erwachsen!“ Und alle gucken andächtig, wie man das erste Glas leert, so als ob afrikanische Stammesriten vollzogen werden. In der Schule wird der Kiosk hinterm Schulhof bald zum Treffpunkt aller, die in Cliquen mitzureden haben. Weil der Kiosk an die Schule stößt, haben sie ihm zwar die Auslage pornographischer Zeitschriften verboten, aber Bier gibt's kastenweise. Auch für die, denen man keines verkaufen darf, weil die Älteren für die Jüngeren kaufen.

Gäbe es ein bisschen mehr echte Kameradschaft unter jungen Leuten, fiele es denen, die da nicht mitmachen, wesentlich leichter. Denn mancher Einstieg in das Kettenrauchen oder den Frühalkoholismus geschieht so harmlos wie hier beschrieben. Von zehn Fünfzehnjährigen, die sich eine Zigarette ins Gesicht stecken und den Flachmann kreisen lassen, haben keine fünf einen echten Spaß daran. Aber sie glauben mitmachen zu müssen, weil die anderen das auch tun. Eine jetzt in Bonn veröffentlichte kanadische Studie besagt eindeutig: „Das Trinkverhalten Jugendlicher wird vom Freundeskreis geprägt.“ Frage: Sind das wirkliche Freunde, die da prägen helfen? Oder sollte nicht jeder den anderen tun lassen, was er wirklich will?

Stefan Grau, 1979

Notiere dir Stichworte zu den folgenden drei Fragen.

a)
- Worum geht es in diesem Zeitungsartikel?
- Wen will der Verfasser wohl ansprechen?
- Welche Intention verfolgt er mit seinem Text?

b) Mache dir den Aufbau des Textes klar, indem du jedem Abschnitt eine eigene Überschrift gibst.

c) Charakterisiere den Stil des Textes und notiere dir entsprechende Belegstellen. Hinweis: Denke daran, dass ein Text nicht durchgängig im selben Stil geschrieben sein muss.

d) Wähle aus jedem Abschnitt ein besonderes sprachliches Darstellungsmittel aus und erläutere seine Funktion, seine beabsichtigte Wirkung.

Aufgabe 142

Erörterungsaufgaben

Langeweile wuchert mehr denn je
(Auszug)

Langeweile bedroht jeden. Langeweile ist menschlich. Wenn die Affen es dahin bringen könnten, Langeweile zu haben, sagte Goethe, so könnten sie Menschen werden. Langeweile ist die andere, die düstere Seite, die immer von unten droht; unaufhörlich will sie aufkommen. Sinnvolle Arbeit und wirkliche Muße machen Langeweile ohnmächtig. Damit könnte das Thema erledigt sein.

Ist es aber nicht. Denn Langeweile ist (vor allem in ihren Folgen) eine der auffälligsten und wirksamsten Erscheinungen unserer Tage. Machtvoll quillt sie auf, und dies in einer Zeit, die überquillt von bunten Bildern und Tönen, Freizeitangeboten für jeden; ganze Industrien bieten Ablenkungen, Unterhaltung aller Art, Zeitfüllendes; ausgeklügelte Spielapparate, ein riesiger Hobbymarkt, eine nie da gewesene Buchproduktion, Reisen, Bildungs- und Weiterbildungsmöglichkeiten, die sogar noch die exotischsten Wünsche erfüllen. Alles ist zu haben, für die Freizeit wird auch immer mehr Geld ausgegeben, und alles müsste die Langeweile geradezu totschlagen. Doch es ist umgekehrt. Langeweile ist mächtig da wie selten zuvor, allenfalls von käuflicher „Erfüllung“, von den Techniken und Produkten zur Verplombung leerer Zeit ein wenig überglitzert. Nach einer Umfrage klagen mehr als ein Drittel der Bürger und damit mehr Bürger als je zuvor über Langeweile. Die wachsende freie Zeit verschärft das Problem. Denn die Fähigkeit, Zeit selbstständig sinnvoll zu nutzen, scheint bei vielen kaum entwickelt zu sein. Zugleich sehnen sich die Menschen nach immer mehr Freizeit – auch deshalb, weil die Arbeit selbst oft weniger interessant ist oder zufriedenstellend wirkt. Jeder zweite Jugendliche (so jedenfalls die Antwort bei einer Befragung) nähme für mehr Freizeit sogar ein geringeres Einkommen in Kauf – und viele wissen dann nicht, was sie mit ihr anfangen sollen. Es ist wie mit dem Wochenende: Am schönsten ist der Freitagabend, die Vorfreude. Man will zwar etwas unternehmen, kann sich aber nicht dazu aufraffen. Drang und Hemmung wirken zusammen – quälende Langeweile. Man übernimmt – weitgehend passiv – zwar oft die angebotenen Zeitfüllungen aus der Unterhaltungsproduktion. Doch die erzeugten

9./10. Schuljahr

Textgebundene Erörterung

▸ Ü 21

„Befriedigungen“ halten nur kurz, die produzierten Gefühle erschöpfen sich rasch, und öde Langeweile tritt um so schärfer hervor, man bleibt leer zurück. Die erdrückende Versorgung mit Unterhaltung, einerseits eine Antwort auf die Unfähigkeit, Zeit zu gestalten, verstärkt und erzeugt andererseits die Armut an Phantasie und schöpferischer Initiative. Aufmerksamkeit, die sich schon in den alltäglichen Dingen der Welt Spannendes erschließen kann, kann sich nicht ausbilden, oder sie verkümmert.

Michael Fritzen, 1982

a) Arbeite aus dem Text die Gedanken des Verfassers zum Phänomen der Langeweile heraus und analysiere, wie er diese darlegt.

b) Setze dich mit den Ausführungen des Verfassers auseinander und entwickle eigene Gedanken zu möglichen Ursachen und Folgen von Langeweile. Beziehe dabei auch Erfahrungen aus deinen eigenen Lebensbereichen mit ein.

c) Die Lektüre des Textes von Michael Fritzen hat dich angeregt, selbst über das Phänomen Langeweile nachzudenken, weil du einige der angesprochenen Aspekte in ähnlicher Weise auch in deinem Umfeld (Schule, Freundeskreis, Familie) wahrnimmst. Du möchtest aber nicht bei der Beschreibung des Phänomens stehen bleiben, sondern über Lösungsmöglichkeiten nachdenken. Verfasse einen Artikel für die Schülerzeitung, in dem du deine Gedanken darlegst und die Leser ebenfalls zum Nachdenken anregst.

Hinweise

- Dein Aufsatz sollte aus einer Einleitung, der Texterschließung und einem Erörterungsteil bestehen.
- Die Aufgabenstellung in Teil a) verlangt bei der Texterschließung auch eine Analyse der Mittel der Darstellung.
- Beim Erörterungsteil hast du die Wahl zwischen der klassischen Variante (b) und einer anlassbezogenen Erörterung (c).
  Bei einer Klassenarbeit würdest du dich für eine der beiden Varianten entscheiden; zu Übungszwecken probiere beide Varianten aus.

▸Ü 21

Aufgabe 143

Inhalt und Thematik

Schlaflied für die Sehnsucht

O lege, Geliebter,
den Kopf in die Hände
und höre, ich sing' dir ein Lied.
Ich sing' dir von Weh und von Tod und vom Ende,
ich sing' dir vom Glücke, das schied.

Komm, schließe die Augen,
ich will dich dann wiegen,
wir träumen dann beide vom Glück.
Wir träumen dann beide die goldensten Lügen,
wir träumen uns weit, weit zurück.

Und sieh nur, Geliebter,
im Traume da kehren
wieder die Tage voll Licht.
Vergessen die Stunden, die wehen und leeren
von Trauer und Leid und Verzicht.

Doch dann – das Erwachen,
Geliebter, ist Grauen –
ach, alles ist leerer als je –
Oh, könnten die Träume mein Glück wieder bauen,
verjagen mein wild-heißes Weh!

Selma Meerbaum-Eisinger (1924–1942)

Worum geht es in diesem Gedicht? Benenne die inhaltlichen bzw. thematischen Aspekte der einzelnen Strophen.

Aufgabe 144

Inhalt und Thematik

In den Versen 4 und 15 liegt jeweils ein Polysyndeton vor, d. h. alle Teile der Aufzählung sind durch eine Konjunktion, nicht durch Kommas verbunden – hier die Konjunktion „und". Wie könntest du dieses Stilmittel in Verbindung mit dem Inhalt der beiden Verse deuten?

Aufgabe 145

Inhalt und Thematik

Selma Meerbaum-Eisinger hat dieses Gedicht 1941 als 17-Jährige in einem Konzentrationslager geschrieben. Überlege dir, inwiefern diese Information zur Biografie der Dichterin für deine Deutung hilfreich sein kann.

▸ Ü 22

9./10. Schuljahr

Aufgabe 146

Der formale Aufbau

Paul

Neunzehnhundertsiebzehn
an einem Tag unter Null geboren,

rannte er wild über einen Spielplatz,
fiel, und rannte weiter,

den Ball werfend über den Schulhof,
fiel, und rannte weiter,

das Gewehr im Arm über das Übungsgelände,
fiel, und rannte weiter,

an einem Tag unter Null
in ein russisches Sperrfeuer

und fiel.

Rainer Brambach (1917–1983)

Markiere die Wiederholungen in diesem Gedicht unterschiedlich farbig, indem du gleichen Wiederholungen jeweils dieselbe Farbe zuordnest.

Aufgabe 147

Der formale Aufbau

Versuche die Wiederholungen bzw. deren Variationen zu deuten; formuliere deine Überlegungen in einem zusammenhängenden Text.

Aufgabe 148

Der formale Aufbau

Setze die Hinweise auf den zeitlichen Ablauf in Beziehung zum formalen Aufbau des Gedichts; dazu bietet sich eine zweispaltige Tabelle an. Entwickle daraus einen Interpretationsansatz für das Gedicht.

▸ Ü 22

Aufgabe 149

Die Sprache

Städter

Nah wie Löcher eines Siebes stehn
Fenster beieinander, drängend fassen
Häuser sich so dicht an, dass die Straßen
Grau geschwollen wie Gewürgte sehn.

Ineinander dicht hineingehakt
Sitzen in den Trams die zwei Fassaden
Leute, wo die Blicke eng ausladen
Und Begierde ineinander ragt.

Unsre Wände sind so dünn wie Haut,
Dass ein jeder teilnimmt, wenn ich weine.
Flüstern dringt herüber wie Gegröhle:

Und wie stumm in abgeschlossner Höhle
Unberührt und ungeschaut
Steht doch jeder fern und fühlt: alleine.

Alfred Wolfenstein (1883–1945)

Wie bezeichnet man die Form des Gedichts? Stelle seinem formalen Aufbau das Thema jeder Strophe und die inhaltlichen Aussagen dazu in einer Tabelle gegenüber.

Aufgabe 150

Die Sprache

Markiere im Gedicht alle attributiv oder adverbial gebrauchten Adjektive, Adverbien oder Partizipien. Versuche sie inhaltlich zu gruppieren und daraus einen Deutungsansatz zu entwickeln.

Aufgabe 151

Die Sprache

„drängend fassen/Häuser sich so dicht an“ (V. 2/3) – „die zwei Fassaden/Leute“ (V. 6/7): Wie bezeichnet man diese sprachlichen Bilder bzw. rhetorischen Figuren? Wie können sie gedeutet werden?

Aufgabe 152

Die Sprache

Welches sprachliche Bild liegt in Vers 9 vor? Definiere dieses sprachliche Mittel und grenze es von der Metapher ab.

Aufgabe 153

Klang und Rhythmus

Zwei Segel

Zwei Segel erhellend
Die tiefblaue Bucht!
Zwei Segel sich schwellend
Zu ruhiger Flucht!

Wie eins in den Winden
Sich wölbt und bewegt,
Wird auch das Empfinden
Des andern erregt.

Begehrt eins zu hasten,
Das andre geht schnell,
Verlangt eins zu rasten,
Ruht auch sein Gesell.

Conrad Ferdinand Meyer (1825–1898)

Bestimme das Reimschema des Gedichts.

Aufgabe 154

Klang und Rhythmus

Mit welchen Kadenzen enden die Verse des Gedichts?

Aufgabe 155

Klang und Rhythmus

Wie könnten Reimschema und Anordnung der Kadenzen zum Inhalt des Gedichts bzw. zu dessen gedanklichem Aufbau in Beziehung gesetzt werden?

▸Ü 22

Aufgabe 156

Klang und Rhythmus

Welcher Konsonant prägt die zweite Strophe? Charakterisiere die Wirkung dieses Lautes.

Aufgabe 157

Klang und Rhythmus

Worin unterscheidet sich der Versbau in den Strophen 2 und 3?
Welcher Zusammenhang besteht dabei zwischen Form und Inhalt?

Aufgabe 158

Klang und Rhythmus

Beschreibe den Satzbau in der ersten Strophe und deute ihn.

Aufgabe 159

Klang und Rhythmus

Vergleiche den Satzbau der Verse 9/10 mit dem der Verse 11/12. Welcher Unterschied fällt auf? Wie bezeichnet man die jeweiligen Phänomene?

▸Ü 22

Aufgabe 160

Erzählperspektive und Erzählhaltung

Im Spiegel

„Du kannst nichts“, sagten sie, „du machst nichts“, „aus dir wird nichts.“
Nichts. Nichts. Nichts.
Was war das für ein NICHTS, von dem sie redeten und vor dem sie offensichtlich Angst hatten, fragte sich Achim, unter Decken und Kissen vergraben.
Mit lautem Knall schlug die Tür hinter ihnen zu.
Achim schob sich halb aus dem Bett. Fünf nach eins. Wieder mal zu spät.
Er starrte gegen die Zimmerdecke. – Weiß. Nichts. Ein unbeschriebenes Blatt Papier, ein ungemaltes Bild, eine tonlose Melodie, ein ungesagtes Wort, ungelebtes Leben.
Eine halbe Körperdrehung nach rechts, ein Fingerdruck auf den Einschaltknopf seiner Anlage. Manchmal brachte Musik ihn hoch.
Er robbte zur Wand, zu dem großen Spiegel, der beim Fenster aufgestellt war, kniete sich davor und betrachtete sich: lang, knochig, graue Augen im blassen Gesicht, hellbraune Haare, glanzlos. „Dead Kennedies“ sangen:
„Weil sie dich verplant haben, kannst du nichts anderes tun als aussteigen und nachdenken.“
Achim wandte sich ab, erhob sich, ging zum Fenster und schaute hinaus. Straßen, Häuser, Läden, Autos, Passanten, immer dasselbe. Zurück zum Spiegel, näher heran, so nahe, daß er glaubte, das Glas zwischen sich und seinem Spiegelbild durchdringen zu können. Er legte seine Handflächen gegen sein Gesicht im Spiegel, ließ seine Finger sanft über Wangen, Augen, Stirn und Schläfen kreisen, streichelte, fühlte nichts als Glätte und Kälte.
Ihm fiel ein, daß in dem Holzkasten, wo er seinen Kram aufbewahrte, noch Schminke herumliegen mußte. Er faßte unters Bett, wühlte in den Sachen im Kasten herum und zog die Pappschachtel heraus, in der sich einige zerdrückte Tuben fanden. Von der schwarzen Farbe war noch ein Rest vorhanden. Achim baute sich vor dem Spiegel auf und malte zwei dicke Striche auf das Glas, genau dahin, wo sich seine Augenbrauen im Spiegel zeigten. Weiß besaß er reichlich. Er drückte eine Tube aus, fing die weiche ölige Masse in seinen Händen auf, verteilte sie auf dem Spiegel über Kinn, Wangen und Nase und begann, sie langsam und sorgfältig zu verstreichen. Dabei durfte er sich nicht bewegen, sonst verschob sich seine Malerei. Schwarz und Weiß sehen gut aus, dachte er, fehlt noch Blau. Achim grinste seinem Bild zu, holte sich das Blau aus dem Kasten und färbte noch die Spiegelstellen über Stirn und Augenlidern.
Eine Weile verharrte er vor dem bunten Gesicht, dann rückte er ein Stück zur Seite, und wie ein Spuk tauchte sein farbloses Gesicht im Spiegel wieder auf, daneben eine aufgemalte Spiegelmaske.
Er trat einen Schritt zurück, holte mit dem Arm weit aus und ließ seine Faust in die Spiegelscheibe krachen. Glasteile fielen herunter, Splitter verletzten ihn, seine Hand fing an zu bluten. Warm rann ihm das Blut über den Arm und

▸Ü 22

tröpfelte zu Boden. Achim legte seinen Mund auf die Wunden und leckte das Blut ab. Dabei wurde sein Gesicht rotverschmiert.
Der Spiegel war kaputt. Achim suchte sein Zeug zusammen und kleidete sich an. Er wollte runtergehen und irgendwo seine Leute treffen.

Margret Steenfatt (*1935)

Welche Erzählperspektive liegt vor?

Aufgabe 161

Erzählperspektive und Erzählhaltung

Wie nimmt sich Achim selbst wahr? Belege deine Beobachtungen durch Zitate bzw. Zeilenangaben.

Aufgabe 162

Erzählperspektive und Erzählhaltung

Markiere im Text alle Bewegungen, die Achim ausführt. Lassen sich daraus Schlussfolgerungen ziehen?

Aufgabe 163

Erzählperspektive und Erzählhaltung

Wie könnte man Achims Betrachten der Zimmerdecke (Z. 7–9) interpretieren?

Aufgabe 164

Erzählperspektive und Erzählhaltung

Wie könnte man die Zerstörung des Spiegels deuten? Versuche, mehrere Ansätze zu finden.

Aufgabe 165

Personencharakterisierung

Die in einer Erzählung handelnden Personen und ihre Eigenschaften geben dir aufschlussreiche Hinweise für eine Deutung. Deshalb ist es wichtig, dass du die Personen näher beleuchtest und dir überlegst, in welchem Verhältnis sie zueinander stehen. Man bezeichnet die Zusammenfassung dieser verschiedenen Verhältnisse als **Personenkonstellation.**

Stelle die Personenkonstellation der Kurzgeschichte „Im Spiegel" von Margret Steenfatt (S. 114 f.) in einem kleinen Schaubild dar.

Aufgabe 166

Aufbau einer kurzen Erzählung

Der folgende Text von Bettina Blumenberg gehört zur Gattung der Kürzestgeschichte. Gliedere den Text und begründe deine Gliederung.

Lau

Die Fassade des Fachwerkhauses hat man erhalten. Die Innenräume sind unverändert. Von keinem Splitter des Erbhofes hatte man sich trennen wollen. Auf dem Querbalken über dem Haustor ist die Inschrift sorgfältig nachgemalt. Grell nun und zu bunt steht da: Westphaelischer Friede. Um ein Uhr sitzen sie alle um den alten Eichentisch versammelt. Zur Mittagsmahlzeit, pünktlich wie eh und je. Das Essen ist kalt, sagt der Bauer. Seit zwanzig Jahren guck ich mir das schon an, das lauwarme Gebräu, das spackig unter dem Gaumen klebt. Seit zwanzig Jahren fragst du mich täglich, ob es mir schmeckt. Seit zwanzig Jahren nicke ich, während der Hunger es mir reintreibt. Springt auf, wirft die Gabel wie einen flachen Flitschstein über den Tisch, daß sie die Gläser umsäbelt. Stampft mit dem Fuß auf, dem stiefelbeschwerten. Den geballten Trotz pflanzt er in den Absatz, der in den Dielenboden donnert, schmettert den Stuhl dazu, daß das Mobiliar erzittert und die Familie auf ihren Stühlen. In der Vitrine klirren die Gläser, zerscherbeln die kunstvoll aufgebauten Kristalltürme. Die geblümten Sammeltassen schlagen gegeneinander, stürzen zu Splittern. Die Frau schreit trotz der erschrockenen Starre. Fällt der schwere Ehrenteller für die pfründigste Mastkuh von der Wand, auf die Vitrine, die kippt. Gegen das Hanskind, den Nachkömmling, der den Zappelphilipp nicht mehr kennengelernt hat, der rettend nach dem Tischtuch greift. Zerrt die Decke an sich mit allen Terrinen, daß sich Suppen und Soßen und die große Ketchupflasche, ohne die Anne keine Mahlzeit beginnt, auf den Boden ergießen. Auf das beste Stück im Haus, den Perserteppich. Auf wieviele Speckseiten hat die Sippschaft dafür verzichtet. Und nun soll alles umsonst gewesen sein. Nur darum, weil heute wie immer das Essen so lau war. Als sei die Gewöhnung nicht das Sicherste im Leben.

Bettina Blumenberg (*1947)

▸ Ü 22

Aufgabe 167

Aufbau einer kurzen Erzählung

Analysiere eingehend die Textstelle, die den Ausbruch des Bauern schildert (Z. 10–14), vor allem sprachlich.

Aufgabe 168

Aufbau einer kurzen Erzählung

Formuliere einen Interpretationsansatz für den Schluss (die letzten drei Sätze; Z. 23–25).

Aufgabe 169

Die Sprache

Erklärung

Am Morgen lag Schnee.
Man hätte sich freuen können. Man hätte Schneehütten bauen können oder Schneemänner, man hätte sie als Wächter vor das Haus getürmt. Der Schnee ist tröstlich, das ist alles, was er ist – und er halte warm, sagt man, wenn man sich in ihn eingrabe.
Aber er dringt in die Schuhe, blockiert die Autos, bringt Eisenbahnen zum Entgleisen und macht entlegene Dörfer einsam.

Peter Bichsel (*1935)

Markiere im Text die Modi der Verben (Indikativ, Konjunktiv I und II) mit unterschiedlichen Farben.

Aufgabe 170

Die Sprache

Welche Schlüsse lassen sich aus den verwendeten Modi ziehen?

Ü 22

Aufgabe 171

Die Sprache

Kombiniere deine bisherigen Beobachtungen mit weiteren Textsignalen und überlege dir, welche Bedeutung dem Schnee beigemessen wird.

Aufgabe 172

Die Sprache

Welche Intention (Aussageabsicht) könnte Bichsel mit diesem kurzen Text verfolgen?

Aufgabe 173

Raum und Zeit

Kleine Fabel

„Ach", sagte die Maus, „die Welt wird enger mit jedem Tag. Zuerst war sie so breit, dass ich Angst hatte, ich lief weiter und war glücklich, dass ich endlich rechts und links in der Ferne Mauern sah, aber diese langen Mauern eilen so schnell aufeinander zu, dass ich schon im letzten Zimmer bin, und dort im Winkel steht die Falle, in die ich laufe." – „Du musst nur die Laufrichtung ändern", sagte die Katze und fraß sie.

Franz Kafka (1883–1924)

Welche Funktion haben die Hinweise zum Raum in dieser Parabel Kafkas? Wofür könnte die vom Erzähler hervorgerufene räumliche Vorstellung stehen?

Aufgabe 174

Raum und Zeit

Schreibe alle Hinweise zur Zeit aus der Parabel heraus und ordne ihnen die jeweilige Stimmung, Gefühlslage der Maus zu.

▸ Ü 22

Aufgabe 175

Einleitung – Thematik der Textstelle

Der folgende Textauszug aus Max Frischs Theaterstück „Andorra" ist überschrieben mit „Vordergrund nach dem achten Bild". Welche Aspekte sind für die spezielle Thematik der angegebenen Textstelle bedeutsam?

Vordergrund

Der Lehrer und die Senora vor dem weißen Haus wie zu Anfang.

SENORA Du hast gesagt, unser Sohn sei Jude.

Lehrer schweigt.

Warum hast du diese Lüge in die Welt gesetzt?

Lehrer schweigt.

Eines Tages kam ein andorranischer Krämer vorbei, der überhaupt viel redete. Um Andorra zu loben, erzählte er überall die rührende Geschichte von einem andorranischen Lehrer, der damals, zur Zeit der großen Morde, ein Judenkind gerettet habe, das er hege und pflege wie einen eignen Sohn. Ich schickte sofort einen Brief: Bist du dieser Lehrer? Ich forderte Antwort. Ich fragte: Weißt du, was du getan hast? Ich wartete auf Antwort. Sie kam nicht. Vielleicht hast du meinen Brief nie bekommen. Ich konnte nicht glauben, was ich befürchtete. Ich schrieb ein zweites Mal, ein drittes Mal. Ich wartete auf Antwort. So verging die Zeit … Warum hast du diese Lüge in die Welt gesetzt?

LEHRER Warum, warum, warum!

SENORA Du hast mich gehaßt, weil ich feige war, als das Kind kam. Weil ich Angst hatte vor meinen Leuten. Als du an die Grenze kamst, sagtest du, es sei ein Judenkind, das du gerettet hast vor uns. Warum? Weil auch du feige warst, als du wieder nach Hause kamst. Weil auch du Angst hattest vor deinen Leuten.

Pause

War es nicht so?

Pause

Vielleicht wolltest du zeigen, daß ihr so ganz anders seid als wir. Weil du mich gehaßt hast. Aber sie sind hier nicht anders, du siehst es, nicht viel.

Lehrer schweigt.

Er sagte, er wolle nach Haus, und hat mich hierher gebracht; als er dein Haus sah, drehte er um und ging weg, ich weiß nicht wohin.

LEHRER Ich werde es sagen, daß er mein Sohn ist, unser Sohn, ihr eignes Fleisch und Blut –

SENORA Warum gehst du nicht?

LEHRER Und wenn sie die Wahrheit nicht wollen?

Pause

Max Frisch (1911-1991)

▸Ü 22

Aufgabe 176

Einleitung – Einordnung der Textstelle

Formuliere eine inhaltliche Einordnung der zitierten Vordergrundszene aus Frischs Theaterstück „Andorra“.

Aufgabe 177

Hauptteil – Deutung der Textstelle

Analysiere und interpretiere die Gesprächsanteile und die unterschiedliche Art der Gesprächsführung der beiden Beteiligten in der Vordergrundszene. Lege dir eine Tabelle nach folgendem Muster an und notiere deine Ergebnisse.

Lehrer	Beobachtungen	Interpretation
Gesprächs-anteile	– … – … – …	– … – … – …
Gesprächs-führung	– … – … – …	– … – … – …

Erstelle dieselbe Tabelle für die Senora.

Aufgabe 178

Hauptteil – Deutung der Textstelle

Welche möglichen Gründe für die Lüge des Lehrers gibt die Senora in dieser Szene an? Kannst du diese Annahmen durch das Heranziehen anderer Textstellen des Stückes stützen oder verwerfen?

Aufgabe 179

Hauptteil – Deutung der Textstelle

Die vorliegende Vordergrundszene unterscheidet sich grundlegend von den übrigen des Theaterstücks. Stelle die Unterschiede dar und überlege dir, warum Frisch die Szene wohl dennoch als „Vordergrund“ und nicht etwa als „Neuntes Bild“ bezeichnet hat (mit entsprechend veränderter Nummerierung der weiteren Bilder).

▸ Ü 22

Aufgabe 180

Schluss – Ausweitung der Ergebnisse

Formuliere einen Schlussteil für einen Interpretationsaufsatz zur angegebenen Vordergrundszene aus „Andorra“ (S. 119) mit folgender Arbeitsanweisung: Überlege dir – ausgehend von der vorliegenden Textstelle –, welche Funktion die Senora für das Stück hat.

Aufgabe 181

Regieanweisungen in dramatischen Texten

In Friedrich Dürrenmatts Drama „Der Besuch der alten Dame“ bietet die Milliardärin Claire Zachanassian dem bankrotten Städtchen Güllen die Summe von einer Milliarde für den Tod von Alfred Ill. Dieser hatte etwa fünfzig Jahre zuvor in einem Vaterschaftsprozess gegen ihn Zeugen bestochen, die aussagten, ebenfalls mit Claire geschlafen zu haben. Das Urteil machte das junge Mädchen zur Hure, die daraufhin mittellos in die Welt hinauszog.
Nun will sich die inzwischen reich gewordene Zachanassian rächen.
Güllen hat sie bereits aufgekauft und absichtlich in den Ruin getrieben. Trotz öffentlicher Solidaritätsbekundungen spekuliert jeder der Güllener darauf, dass irgendwann jemand Ill töten wird.

Der folgende Textauszug ist der Anfang des Dritten Aktes. Wie werden die beteiligten Personen durch die Regieanweisungen beschrieben bzw. charakterisiert? Wie könntest du deine Beobachtungen deuten?

Petersche Scheune. Links sitzt Claire Zachanassian in ihrer Sänfte, unbeweglich, im Brautkleid, weiß, Schleier usw. Ganz links eine Leiter, ferner Heuwagen, alte Droschke, Stroh, in der Mitte ein kleines Faß. Oben hängen Lumpen, vermoderte Säcke, riesige Spinnweben breiten sich aus. Der Butler kommt aus dem Hintergrund.

DER BUTLER Der Arzt und der Lehrer.
CLAIRE ZACHANASSIAN Sollen hereinkommen.

Der Arzt und der Lehrer erscheinen, tappen sich durchs Dunkel, finden endlich die Milliardärin, verneigen sich. Die beiden sind nun in guten, soliden, bürgerlichen Kleidern, eigentlich schon elegant.

DIE BEIDEN Gnädige Frau.
CLAIRE ZACHANASSIAN *betrachtet die beiden durch ihr Lorgnon* Sehen verstaubt aus, meine Herren.

Die beiden wischen sich den Staub ab.

DER LEHRER Verzeihung. Wir mußten über eine alte Droschke klettern.
CLAIRE ZACHANASSIAN Habe mich in die Petersche Scheune zurückgezogen. Brauche Ruhe. Die Hochzeit eben im Güllener Münster ermüdete mich. Bin schließlich nicht mehr blutjung. Setzen sie sich auf das Faß.
DER LEHRER Danke schön.

Er setzt sich. Der Arzt bleibt stehen.

CLAIRE ZACHANASSIAN Schwül hier. Zum Ersticken. Doch ich liebe diese Scheune, den Geruch von Heu, Stroh und Wagenschmiere. Erinnerungen. All die Geräte, die Mistgabel, die Droschke, den zerbrochenen Heuwagen gab es schon in meiner Jugend.
DER LEHRER Ein besinnlicher Ort. *Er wischt sich den Schweiß ab.*

Friedrich Dürrenmatt (1921–1990)

Aufgabe 182

Regieanweisungen in dramatischen Texten

Untersuche, wie die Regieanweisungen in dieser Textstelle die Aussagen der Personen unterstützen bzw. kommentieren.

Ü 22

Aufgabe 183

Der Brief

Das Bild der Schlacht am Isonzo

Auch der Maler war in der Schlacht gewesen; bald danach fertigte er ein Gemälde an, auf dem er darstellte, was er gesehen hatte: Im Vordergrund lagen Sterbende, denen die Gedärme aus den aufgerissenen Leibern quollen, und Leichen, über die Pferde und Tanks weggegangen, dass bloß blutiger Brei geblieben, geschmückt mit Knochensplittern. Dahinter stürmten die Soldaten der gegnerischen Heere aufeinander zu, in besudelten Uniformen, angstverzerrt die Gesichter. Im Hintergrund, unterhalb des Befehlsstandes, waren Offiziere dabei, Weiber zu schwängern, Kognak zu saufen und die Ausrüstung ganzer Kompanien für gutes Geld zu verhökern.
Dies war das Bild, und es hing im Atelier des Malers, als ein Besucher erschien, der sich porträtieren lassen wollte und durch Wesen und Benehmen sich als alter General zu erkennen gab. Er erschrak vor dem Bild.
So sei die Schlacht nie gewesen, rief er, das Bild lüge! Sein blinzelnder Blick fuhr kreuz und quer das Werk ab und entdeckte dabei hinter dem zerschmetterten Schädel eines Toten eine kleine Gestalt, die trommelnd und singend und mit kühn verschobenem Helm aufs Schlachtfeld lief. Dieses Detail kaufte der General, ließ es aus dem Gemälde schneiden und einrahmen: Damit künftige Generationen sich ein Bild machen könnten von der großen Schlacht am Isonzo.

Günter Kunert (*1929)

Du kannst dir sicherlich vorstellen, dass der Maler noch lange an diese Begegnung denken muss. Schließlich schreibt er dem General einen Brief. Bevor du den Brieftext formulierst, solltest du die Bedingungen für den „Rahmen" des Briefes klären. Die ersten drei Aufgaben helfen dir dabei.
Suche im Text bei der Beschreibung des Krieges nach Hinweisen, die dir bei der Datierung helfen könnten.

▸ Ü 23

Aufgabe 184

Der Brief

Wie ist das Verhältnis des Malers zu dem Adressaten des Briefes? Welche Anredeformen bzw. welcher Schreibstil ergibt sich daraus?

Aufgabe 185

Der Brief

Trage in eine Tabelle die im Text beschriebenen unterschiedlichen Wahrnehmungen des Malers und des Generals während der Schlacht ein.

Aufgabe 186

Der Brief

Überlege, was der Maler mit seinem Brief beabsichtigen könnte.

Aufgabe 187

Der Brief

Schreibe nun den Brief. Stelle am Briefanfang auch dar, warum dem Maler die Begegnung nicht aus dem Kopf geht.

Aufgabe 188

Der Brief

Wähle eine Grußformel für den Abschluss des Briefes.

▸ Ü 23

Aufgabe 189

Der innere Monolog

Happy end

Sie umarmen sich, und alles ist wieder gut. Das Wort ENDE flimmert über ihrem Kuss. Das Kino ist aus. Zornig schiebt er sich zum Ausgang, sein Weib bleibt im Gedränge hilflos stecken, weit hinter ihm. Er tritt auf die Straße und bleibt nicht stehen, er geht, ohne zu warten, er geht voll Zorn, und die Nacht ist dunkel. Atemlos, mit kleinen, verzweifelten Schritten holt sie ihn ein, holt ihn schließlich ein und keucht zum Erbarmen. Eine Schande, sagt er im Gehen, eine Affenschande, wie du geheult hast. Sie keucht. Mich nimmt nur wunder warum, sagt er. Sie keucht. Ich hasse diese Heulerei, sagt er, ich hasse das. Sie keucht noch immer. Schweigend geht er und voll Wut, so eine Gans, denkt er, so eine blöde, blöde Gans, und wie sie keucht in ihrem Fett. Ich kann doch nichts dafür, sagt sie endlich, ich kann doch wirklich nichts dafür, es war so schön, und wenn es schön ist, muss ich einfach heulen. Schön, sagt er, dieser Mist, dieses Liebesgewinsel, das nennst du also schön, dir ist ja wirklich nicht zu helfen. Sie schweigt und geht und keucht und denkt, was für ein Klotz von Mann, was für ein Klotz.

Kurt Marti (*1921)

Nachts im Bett kann die Frau lange nicht einschlafen, da ihr der Kinobesuch immer noch im Kopf herumgeht. Versetze dich in ihre Situation und verfasse einen inneren Monolog, in dem sie über den Abend, sich selber und ihre Beziehung nachdenkt.
Um diesen inneren Monolog inhaltlich zu gestalten, gehst du am besten schrittweise vor:

Markiere mit einer jeweils anderen Farbe im Text, was der Erzähler uns über die Reaktionen und Gefühle des Mannes und der Frau mitteilt.

Ü 23

Aufgabe 190

Der innere Monolog

Überlege, mit welchen Erwartungen das Paar ins Kino gegangen ist. Wer könnte den Vorschlag für den Kinobesuch dieses Filmes gemacht haben?

Aufgabe 191

Der innere Monolog

Was sagen die geschilderten Reaktionen, Gedanken und Gefühle über das Verhältnis der beiden aus?

Aufgabe 192

Der innere Monolog

Welche Bedeutung misst die Frau dem Kinobesuch bei?

Aufgabe 193

Der innere Monolog

Wie könnte sich das Verhältnis der beiden durch den Kinobesuch verändern?

Aufgabe 194

Der innere Monolog

Hinsichtlich der sprachlich-stilistischen Eigenheiten der Textvorlage bzw. der Figur der Frau solltest du folgende Fragen untersuchen:

a) Welche Auffälligkeiten weist der Satzbau auf?

b) Welches rhetorische Mittel verwendet Marti durchgehend für die Äußerungen bzw. Gedanken der Frau?

Aufgabe 195

Der innere Monolog

Verfasse nun an Stelle der Frau einen inneren Monolog!

▸Ü 23

Aufgabe 196

Der Tagebucheintrag

Der Ernst des Lebens

In der lethargischen Stunde zwischen zwei und drei lag ich auf dem Sofa im Wohnzimmer, die Hände unterm Kopf verschränkt, hinüberstarrend auf den Farbdruck an der Wand, der Hannibals Grab darstellte. Unter einem graubraunen, wuchtigen, weit verzweigten Baum erhob sich ein Steinhaufen und daneben stand ein alter Schäfer, sinnend auf seinen Stab gestützt, und vor ihm, im wilden, trockenen Gras, weidete die Herde der Schafe. Das Fenster zur Straße stand offen, draußen staubte weißes Sonnenlicht, vom Tennisplatz an der gegenüberliegenden Straßenseite tönten träge, dumpfe Ballschläge. Zuweilen summte dicht unterm Fenster ein Auto vorbei oder eine Radglocke klingelte. Der Gedanke an die Stadt draußen belebte mich, ich sah die langen breiten Straßenzüge vor mir, die riesigen, von gebeugten, steinernen Sklaven getragenen Häuser, die Schlösser, Museen, Monumente und Türme, die Hochbahnen auf ihren Brücken und die unterirdischen Bahnen, mit ihrem Gedränge und ihren klappernden Reklameschildern. Schon wollte ich aufstehen, da stand meine Mutter vor mir, nie merkte ich, wenn sie ins Zimmer kam, immer erschien sie plötzlich mitten im Zimmer, wie aus dem Boden hervorgewachsen, den Raum mit ihrer Allmacht beherrschend. Hast du deine Aufgaben gemacht, fragte sie und ich sank zurück in meine Müdigkeit. Noch einmal fragte sie, bist du schon fertig mit deinen Aufgaben. Aus meiner dumpfen Lage heraus antwortete ich, ich mache sie später. Sie aber rief, du machst sie jetzt. Ich mache sie nachher, sagte ich in einem schwachen Versuch des Widerspruchs. Da hob sie, wie in einem Wappenschild, die Faust und rief ihren Wappenspruch: Ich dulde keinen Widerspruch. Dicht trat sie an mich heran und ihre Worte fielen wie Steine auf mich herab, du musst büffeln und wieder büffeln, du hast noch ein paar Jahre, dann wirst du ins Leben hinaustreten, und dazu musst du etwas können, sonst gehst du zugrunde. Sie zog mich an meinen Schreibtisch zu den Schulbüchern. Du darfst mir keine Schande machen, sagte sie. Ich leide schlaflose Nächte deinetwegen, ich bin verantwortlich für dich, wenn du nichts kannst, dann fällt das alles auf mich zurück, leben heißt arbeiten, arbeiten und arbeiten und immer wieder arbeiten. Dann ließ sie mich allein. Neben mir auf einem Brett stand das Modell einer Stadt, das ich mir aus Papier und Zellophan, aus Drähten und Stäben erbaut hatte. Nach meinen zerstörerischen Spielen war dies der erste konstruktive Versuch. Es war eine Zukunftsstadt, eine utopische Metropole, doch sie war unvollendet, skeletthaft, ich wusste plötzlich, dass ich daran nicht weiterbauen würde, ich sah nur noch ein zerknittertes, leimdurchbröckeltes Papier und alles war verbogen und zerbrechlich, man konnte es mit einem Atemzug umblasen. Ich musste nach anderen Mitteln des Ausdrucks suchen. Während ich über meinem Tagebuch brütete, öffnete sich die Tür und mein Vater trat ein. Er sah mich am Schreibtisch hocken, bei irgendwelchen Beschäftigungen, an denen er nie teilnehmen durfte, er sah, wie hastig etwas in der Schublade verschwand. Was treibst du denn da, fragte er. Ich mache meine Schulaufgaben, sagte ich. Ja, darüber wollte ich gern mit dir sprechen, sagte er. Eine peinliche Spannung trat ein, wie immer bei solchen Gesprächen. Du bist jetzt alt genug, sagte er, dass ich einmal mit dir über Berufsfragen sprechen muss. Wie denkst du dir eigentlich deine Zukunft. Ich konnte auf diese quälende Frage nichts antworten. Mit einer Stimme, die verständnisvoll sein wollte und die etwas von einem Gespräch von Mann zu Mann hatte, sagte er, ich schlage vor, dass du in die Handelsschule eintrittst und dann in mein Kontor kommst. Ich murmelte etwas davon, dass ich erst noch die Schule absolvieren wollte, damit konnte ich immerhin etwas Zeit gewinnen. Mein Vater sagte, jetzt mit wachsender Ungeduld, dazu scheinst du doch kaum zu taugen, ich glaube nicht, dass du begabt genug dazu bist, und zum Studieren fehlt dir jede Ausdauer, du gehörst ins praktische Berufsleben. Sein Gesicht war grau und vergrämt. Wenn man vom Leben sprach, musste man grau und vergrämt sein. Leben war Ernst, Mühe, Verantwortung. Mein Gesicht, das Gesicht eines Nichtskönners und Tagediebs, verzog sich zu einem verlegenen stereotypen Grinsen. Gekränkt sagte meine Vater, du brauchst gar nicht zu lachen, das Leben ist kein Spaß, es wird Zeit, dass du einmal wirklich arbeiten lernst. Vielleicht spürte er eine Regung von Zärtlichkeit für mich, doch als er meinen schiefen, feindlichen Blick sah, musste er sich hart machen und seinen festen Willen zeigen. Mit der flachen Hand schlug er auf den Tisch und rief, wenn dieses Schuljahr zu Ende ist, dann ist Schluss mit den Träumereien, dann wirst du dich endlich der Realität des Daseins widmen.

Peter Weiss (1916–1982)

In seinem fiktiven Tagebuch setzt sich der Erzähler kritisch mit sich selbst und seinen Eltern auseinander. Dabei denkt er insbesondere darüber nach, welche seine eigenen Vorstellungen sind, die er seinen Eltern aber noch nie dargelegt hat.
Schreibe zu dem Text von Peter Weiss eine gestaltende Interpretation in Form eines Tagebucheintrags. Orientiere dich dabei an folgenden Schritten:

▸ Ü 23

a) Fertige eine Skizze an, um die Figurenkonstellation in der Familie grafisch aufzuarbeiten. Charakterisiere stichwortartig den Ich-Erzähler (Alter, Gedanken- und Gefühlswelt, Einstellung zur Schule).
Notiere zu den Eltern, welche Vorstellungen vom Leben diese haben und welche Erwartungen sie laut Textvorlage an den Ich-Erzähler stellen.

b) Erstelle eine Liste von möglichen Antworten, die der Erzähler auf konkret formulierte Vorstellungen der Eltern geben könnte. Ordne einzelne Punkte den Erwartungen bzw. den beiden Gesprächen mit seiner Mutter und seinem Vater zu.

c) Arbeite am Text heraus, warum der Erzähler diese Entgegnungen bislang unterlassen hat, indem du die (Körper-)Sprache der Eltern betrachtest.

d) In sprachlich-stilistischer Hinsicht dürfte der Tagebucheintrag sehr ähnlich wie die Textvorlage sein, da es sich beide Male um Ausführungen des Ich-Erzählers handelt.
Welche Merkmale sind beim Satzbau besonders auffällig?

e) Wie geht der Erzähler mit direkter Rede um?

f) Schreibe nun an Stelle des Erzählers in der Ich-Form in das Tagebuch, was du unmittelbar nach der Begegnung mit der Mutter denkst und fühlst und wie du dein Verhältnis zu ihr empfindest.

Aufgabe 197

Gespräche in Szene setzen

Nicht immer wird im Zusammenhang mit literarischen Texten von dir verlangt, einen parallelen Text zu schreiben.
Häufig ist in der Aufgabenstellung auch gefordert, dass du deine Beobachtungen in einer anderen Textsorte (Zeitungstext, Rede, szenische Einrichtung) formulierst, die ihre eigenen Gesetzmäßigkeiten hat. In den folgenden Übungen sollst du ein Gespräch entwerfen und in Szene setzen. Lies zunächst diesen Auszug aus Friedrich Dürrenmatts Theaterstück „Der Besuch der alten Dame".

Claire Zachanassian (…) daß ich bereit bin, Güllen eine Milliarde zu schenken. Fünfhundert Millionen der Stadt und fünfhundert Millionen verteilt auf alle Familien. (…) Ich will die Bedingung nennen. Ich gebe euch eine Milliarde und kaufe mir dafür die Gerechtigkeit.

Totenstille

Der Bürgermeister Wie ist dies zu verstehen, gnädige Frau?

Claire Zachanassian Wie ich es sagte.

Der Bürgermeister Die Gerechtigkeit kann man doch nicht kaufen!

Claire Zachanassian Man kann alles kaufen!

Der Butler Und nun wollen sie Gerechtigkeit, Claire Zachanassian?

Claire Zachanassian Ich kann sie mir leisten. Eine Milliarde für Güllen, wenn jemand Alfred Ill tötet.

Der Zweite Für Geld kann man eben alles haben. *Er spuckt aus.*

Der Erste Nicht bei uns. *Er schlägt mit der Faust auf den Tisch.*

Ill Dreiundzwanzig achtzig.

Der Zweite Schreib's auf.

Ill Diese Woche will ich eine Ausnahme machen, doch daß du mir am Ersten zahlst, wenn die Arbeitslosenunterstützung fällig ist.

Der zweite geht zur Türe.

Ill Helmesberger

Er bleibt stehen. Ill kommt zu ihm.

Ill Du hast neue Schuhe. Gelbe neue Schuhe.

Der Zweite Nun?

Ill *blickt nach den Füßen des Ersten* Auch du, Hofbauer. Auch du hast neue Schuhe. *Er blickt nach den Frauen, geht zu ihnen, langsam, grauenerfüllt.* Auch ihr. Neue gelbe Schuhe. Neue gelbe Schuhe.

Der Erste Ich weiß nicht, was du daran findest?

Der Zweite Man kann doch nicht ewig in den alten Schuhen herumlaufen.

Ill Neue Schuhe. Wie konntet ihr neue Schuhe kaufen?

Die Frauen Wir ließen's aufschreiben, Herr Ill, wir ließen's aufschreiben.

Ill Ihr ließet's aufschreiben. Auch bei mir ließet ihr's aufschreiben. Besseren

Tabak, bessere Milch, Kognak. Warum habt ihr denn auf einmal Kredit in den Geschäften?

Der Zweite Bei dir haben wir doch auch Kredit.

Ill Womit wollt ihr zahlen?

Der Bürgermeister Es ist besser, wir schweigen über das Ganze. Ich habe auch den Volksboten gebeten, nichts über die Angelegenheit verlauten zu lassen.

Ill *kehrt sich um* Man schmückt schon meinen Sarg, Bürgermeister! Schweigen ist mir zu gefährlich.

Der Bürgermeister Aber wieso denn, lieber Ill? Sie sollten dankbar sein, daß wir über die üble Affäre den Mantel des Vergessens breiten.

Ill Wenn ich rede, habe ich noch eine Chance, davonzukommen.

Der Bürgermeister Das ist nun doch die Höhe! Wer soll sie denn bedrohen?

Ill Einer von euch.

Der Bürgermeister *erhebt sich* Wen haben Sie im Verdacht? Nennen Sie mir den Namen, und ich untersuche den Fall. Unnachsichtlich.

Ill Jeder von euch.

Der Bürgermeister Gegen diese Verleumdung protestiere ich im Namen der Stadt feierlich.

Ill Keiner will mich töten, jeder hofft, daß es einer tun werde, und so wird es einmal einer tun.

Der Bürgermeister Sie sehen Gespenster.

Ill Ich sehe einen Plan an der Wand. Das neue Stadthaus? *Er tippt auf den Plan.*

Der Bürgermeister Mein Gott, planen wird man wohl noch dürfen.

Ill Ihr spekuliert schon mit meinem Tod! (…) Ihr habt mich schon zum Tode verurteilt (…) *leise* Der Plan beweist es! Beweist es!

Der Bürgermeister Ich schreite zur Abstimmung. [Anm. des Verfassers: über das Todesurteil von Ill] (…) Wer reinen Herzens die Gerechtigkeit verwirklichen will, erhebe die Hand.

Alle außer Ill heben die Hand.

(…)

Der Bürgermeister Die Stiftung der Claire Zachanassian ist angenommen. Nicht des Geldes –

Die Gemeinde Nicht des Geldes –

Der Bürgermeister sondern der Gerechtigkeit wegen –

Die Gemeinde sondern der Gerechtigkeit wegen –

Der Bürgermeister und aus Gewissensnot.

Die Gemeinde und aus Gewissensnot.

Der Bürgermeister Denn wir können nicht leben, wenn wir ein Verbrechen unter uns dulden –

Die Gemeinde Denn wir können nicht leben, wenn wir ein Verbrechen unter uns dulden –

Der Bürgermeister welches wir ausrotten müssen –

Die Gemeinde welches wir ausrotten müssen –

DER BÜRGERMEISTER damit unsere Seelen nicht Schaden erleiden –
DIE GEMEINDE damit unsere Seelen nicht Schaden erleiden –

Die Güllener bilden eine kleine Gasse (...) Ill geht langsam in die Gasse der schweigenden Männer. Ganz hinten stellt sich ihm der Turner entgegen. Ill bleibt stehen, kehrt sich um, sieht wie sich unbarmherzig die Gasse schließt, sinkt in die Knie. Die Gasse verwandelt sich in einen Menschenknäuel, lautlos, der sich ballt, der langsam niederkauert. Stille. Von links vorne kommen Journalisten. Es wird hell.

PRESSEMANN I Was ist denn hier los?

Das Menschenknäuel lockert sich auf. Die Männer sammeln sich im Hintergrund, schweigend. Zurück bleibt nur der Arzt, vor einem Leichnam kniend, über den ein kariertes Tischtuch, wie es in Wirtschaften üblich ist, gebreitet ist. Der Arzt steht auf. Nimmt das Stethoskop ab.

DER ARZT Herzschlag.
Stille
DER BÜRGERMEISTER Tod aus Freude.

Friedrich Dürrenmatt (1921–1990)

Nimm an, nach dem Tod von Alfred Ill kommt es zu einem Gerichtsverfahren gegen Claire Zachanassian und den Bürgermeister Güllens als Vertreter des Städtchens. Diese Gerichtsverhandlung sollst du in Szene setzen.

Zur Klärung der juristischen Seite überlege zunächst, wie die Anklage(n) gegen Claire Zachanassian und den Bürgermeister lauten könnte. Sind deiner Ansicht nach beide in gleichem Maße schuldig?

Aufgabe 198

Gespräche in Szene setzen

Stelle weiterhin zusammen, was man den beiden Angeklagten vorwerfen und nachweisen kann. Welche Zeugen bzw. welche Beweise gibt es?

Ü 23

Aufgabe 199

Gespräche in Szene setzen

Bei deiner dramaturgischen Umsetzung solltest du folgende Aspekte vorbereiten und berücksichtigen:

a) Skizziere (bildhaft oder verbal), wie der Raum aussehen soll, in dem die Szene spielt.

b) Erstelle eine Liste von Figuren, die bei der Gerichtsverhandlung auftreten sollen.

c) Entwirf eine Strategie, wie du als Staatsanwalt die beiden Angeklagten überführen würdest.

d) Welche Argumente könnte der Verteidiger vorbringen?

e) Überlege, wie das Urteil im Fall gegen Claire Zachanassian bzw. den Bürgermeister deiner Ansicht nach lauten sollte.

Aufgabe 200

Gespräche in Szene setzen

Entwirf nun deine Version der Gerichtsverhandlung.

Lösungen

Wie schreibe ich eine Erzählung?

Aufgabe 1

	passt	passt nicht
Wie backe ich einen Marmorkuchen?	○	⊗
Ein Tag als Hund	⊗	○
Was ich im Zoo erlebte	⊗	○
Bericht über den Unfall am letzten Donnerstag vor der Schule	○	⊗
Wie spiele ich Mensch-ärgere-dich-nicht?	○	⊗
Ein Dieb in unserer Schule!	⊗	○
Fast wäre ich überfahren worden!	⊗	○
Der verbrannte Kuchen	⊗	○
Kennzeichen eines Jagdhunds	○	⊗
Ein Erlebnis im Schwimmbad	⊗	○

Aufgabe 2

Zu einer Erzählung gehören die Anfänge a), d).

Aufgabe 3

1\. – d) Was bekomme ich wohl geschenkt?
2\. – e) Ist eine Wespe in meinem Zimmer?
3\. – h) Ein Außerirdischer!
4\. – a) Das glaubt mir niemand!

Aufgabe 4

① Schon lange wünschte ich mir eine Katze, zum Geburtstag bekam ich Minou.
② Sie gehörte bald zur Familie, tagsüber war sie draußen, nachts kam sie nach Hause.
③ Eines Abends kam Minou nicht, wir sorgten uns alle sehr: Hoffentlich ist ihr nichts passiert!
④ Als es ganz finster war, beschlossen wir nach Minou zu suchen: im Garten, in der Straße, in der ganzen Siedlung. Aber ohne Ergebnis!
⑤ Schließlich gingen wir ins Bett, wir hatten die Hoffnung aufgegeben, Minou wiederzufinden.
⑥ Am nächsten Tag saß sie vor der Haustüre – mit einer Maus im Maul! Wir freuten uns alle und verziehen ihr, auch wenn sie uns um den Schlaf gebracht hatte.

Aufgabe 5

Erzählschritt 4

Aufgabe 6

In die Einleitung gehört der Erzählschritt 1.
In den Schluss gehört der Erzählschritt 6.

Aufgabe 7

	Ich-Sicht	Er/Sie-Sicht
Mein schönster Wandertag	⊗	○
Als ich einmal Pech hatte	⊗	○
So ein Unglück!	⊗	⊗
Kathrins erster Schultag	○	⊗
Was ich als Maus erlebte	⊗	○

Aufgabe 8

a) Ich-Erzähler b) Er/Sie-Erzähler c) Ich-Erzähler

Aufgabe 9

⊗ Kevin wurde ganz blass, er zitterte und fürchtete, das Herz könnte ihm in die Hose rutschen.

⊗ Laura war außer sich vor Freude, sie hätte Luftsprünge machen können, so glücklich fühlte sie sich.

⊗ Da ärgerte sich Xenia – so sehr, dass sie nur auf Rache sann. Das zahle ich ihm zurück, schwor sie sich und überlegte sich einen ganz gemeinen Plan.

Aufgabe 10

a) „Hilfe!", rief Dominik in seiner Todesangst, „ich kann nicht mehr weg! Der Baum hat mein Bein eingeklemmt. Helft mir doch!"

b) Er stand ganz still und lauschte. Da! Da war es wieder dieses Geräusch.

c) Keiner seiner Freunde war in der Nähe. Plötzlich fiel es ihm ein. Ja, so konnte es gehen und er wäre wieder frei.

d) Doch was war das? Vorsichtig blickte Kathrin um die Ecke.

Aufgabe 11

sagen
flüstern
rufen
schreien
reden
das Wort ergreifen
plaudern
schwatzen
tratschen
plätschern
meinen

gehen
bummeln
rennen
schleichen
schlurfen
trippeln
trödeln
sich die Füße vertreten
tapsen
spazieren
stapfen

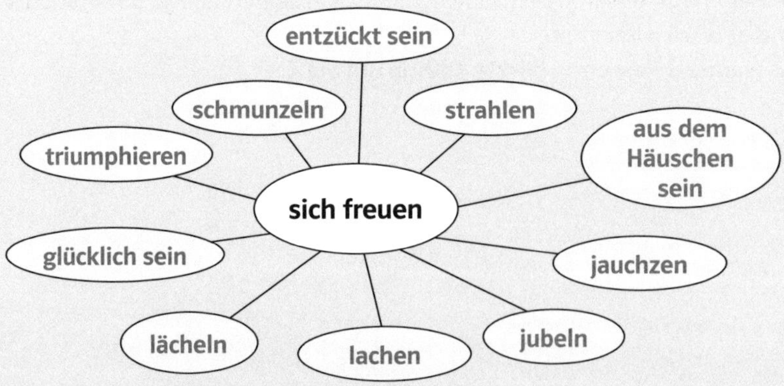
sich freuen
entzückt sein
strahlen
aus dem Häuschen sein
jauchzen
jubeln
lachen
lächeln
glücklich sein
triumphieren
schmunzeln

Aufgabe 12

a) bat
b) jammerte
c) tadelte
d) antwortete
e) prahlte
f) schimpfte

Aufgabe 13

merkwürdig – fesselnd – packend – erzählenswert – faszinierend – einzigartig – atemberaubend – aufregend – mitreißend – beachtlich

Aufgabe 14

a) Daniel ist ein aufmerksamer Schüler.
b) Mit dem Wetter hatten wir kein Glück. Es war regnerisch und stürmisch.
c) Claudia ist an mathematischen Problemen immer interessiert.

Aufgabe 15

a) sich fürchten – sich ängstigen, zittern, erbleichen
b) sich freuen – jubeln, jauchzen, leuchten
c) zweifeln – in Frage stellen, unsicher werden, misstrauen
d) schnell – rasch, geschwind, flink
e) laufen – eilen, rennen, hasten
f) ängstlich – furchtsam, aufgeregt, zitternd

Aufgabe 16

a) sich fürchten – unerschrocken sein
b) sich freuen – sich ärgern
c) zweifeln – sicher sein
d) schnell – langsam
e) laufen – schreiten
f) ängstlich – mutig

Aufgabe 17

	Gefühle werden genannt	Gefühle werden erzählt
Da freute sich Daniel. So ein Glück hatte er selten! Noch nie hatte er den Haupttreffer bei der Tombola gezogen!	○	⊗
Nicole war ärgerlich, weil Nadine schon wieder keine Zeit für sie hatte.	⊗	○
Oje, dachte ich, wieder muss ich vorturnen. Dabei hasse ich Reckturnen!	○	⊗

Aufgabe 18

Zu Bild 1: Wovon mag Raudi, unser Dackel, wohl träumen?
Zu Bild 2: Jetzt wollen wir Raudi mal aufwecken!
Zu Bild 3: Sieht der lustig aus! Wie eine getaufte Maus!
Zu Bild 4: Denen werd' ich's zeigen. Erst mich nass spritzen und dann so tun, als wäre nichts.
Zu Bild 5: Ich beiße jetzt einfach in den Wasserschlauch, dann werden sie auch nass!
Zu Bild 6: Oje, so eine Gemeinheit! Ich bin ganz nass! Und (aus der Perspektive des Dackels): Das habe ich gut gemacht. Rache ist süß!

Aufgabe 19

Am ersten Abend lagen meine Schwester und ich in unseren Betten und versuchten einzuschlafen. Plötzlich schreckten wir beide hoch: Hatte sich nicht eben vor unserem Fenster etwas bewegt? Ich versuchte Lisa zu beruhigen und wir legten uns wieder zum Schlafen. Die Ruhe hielt nur wenige Minuten, da hörten wir ein Furcht erregendes Geheul. Lisa flüsterte mir voller Angst zu: „Das ist ein Gespenst! Gerade eben ist es am Haus vorbeigeschlichen und jetzt heult es auch noch! Das ist sicher ein Gespenst!" Mir war das alles auch nicht geheuer, doch weil ich die Ältere war, tröstete ich Lisa: „Aber Lisa, sei doch nicht dumm, es gibt doch keine Gespenster." Lisas Angst ließ nach und wir versuchten beide wieder einzuschlafen. In diesem Augenblick kam ein ohrenbetäubender Lärm von der Terrassentür, die jemand anscheinend mit Gewalt öffnen wollte. „Papa, Mama, kommt schnell! Ein Gespenst will uns holen", rief Lisa voller Angst. Lisa war kreidebleich im Gesicht. Da stand Papa schon im Zimmer, machte Licht und fragte: „Was brüllt ihr denn so, was ist denn los?" „Papa, ein Gespenst will in unser Zimmer, wir haben es gesehen, und geheult hat es auch", versuchte ich die Situation zu erklären. Glaubte ich doch selbst inzwischen fest an das Gespenst!

„Ach, so ein Unsinn", lachte Vater, „nirgendwo ist ein Gespenst! Es kommt allerdings gleich ein Gewitter. Der Sturm hat die Äste vor eurem Fenster bewegt. Er hat so fest um das Haus geblasen, dass ihr dachtet, ein Gespenst heult! Und was ihr an der Ter-

rassentür gehört habt, war nur das Klappern der Fensterläden."
Als Vater das erklärte, wurde Lisa und mir plötzlich klar, was für Angsthasen wir doch waren. **Wir schämten uns fast ein wenig und legten uns wieder ins Bett, wo wir sofort einschliefen.**
Aber vor allem waren wir froh, dass es wirklich keine Gespenster gibt.

Aufgabe 20

a) „Das kann ich nicht glauben", meinte Maxi.
b) „Spinnst du?", rief Christina erbost, „das kannst du doch nicht machen!"
c) „Und wenn du hundertmal älter bist", maulte Paula, „du hast nicht immer Recht."
d) Marcia rief: „Dann bin ich wieder die Letzte!"

Aufgabe 21

a) Ein Erlebnis als Papagei ist nur in einer Fantasiegeschichte möglich.
b) Die Überschrift sagt schon zu viel aus und nimmt die Spannung.
c) Das ist die Überschrift für eine Vorgangsbeschreibung.
d) Diese Überschrift ist nichtssagend.
e) Der Ausgang der Geschichte wird schon verraten.

Verschiedene Formen der Erzählung

Aufgabe 22

Lösungsweg:

Du solltest die Handlung der Fabel möglichst genau nacherzählen. Damit deine Leser am Ende genau Bescheid wissen, musst du folgende W-Fragen beantworten:

- Was ist passiert?
- Wer ist daran beteiligt?
- Wo ist das Ereignis passiert?
- Wann ist es passiert?
- Wie ist es genau passiert?
- Warum ist es passiert?

Erzähle anschaulich, indem du auch Einzelheiten nennst, die der Leser wissen muss, damit er sich die Handlung vorstellen kann.

Erzähle in der gleichen Reihenfolge wie im Original. Nimm keine Ergebnisse vorweg, erhalte die Spannung auf das Ende.

Die Länge deiner Nacherzählung ist nicht so wichtig. Wenn du das Geschehen anschaulich und spannend wiedergibst und dabei die W-Fragen beantwortest, darf deine Nacherzählung auch kürzer als das Original sein.

Aufgabe 23

Zu einer Erlebniserzählung gehören die Sätze a), c).
Zu einer Fantasiegeschichte gehören die Sätze b), d).

Aufgabe 24

	E	F
Juhu, ich kann fliegen!	○	⊗
Ein Schultag, den ich nie vergesse	⊗	○
Wie ich als Elefant erwachte	○	⊗
Als ich einmal große Angst hatte	⊗	○
Was ich als Katze erlebte	○	⊗
Als ich eines Tages als Zwerg erwachte	○	⊗
Mit meinen Eltern auf dem Minigolfplatz	⊗	○
Das doppelte Geburtstagsgeschenk	⊗	○
Ein Tag bei den Steinzeitmenschen	○	⊗
Reifenpanne auf der Urlaubsfahrt	⊗	○

Aufgabe 25

Ich hatte mich gerade vom Schnee gesäubert, als ich bemerkte, dass ich einen meiner Skistöcke bei dem Sturz verloren hatte. Ich schaute mich um, doch er lag nicht in Sichtweite. Wo war er bloß? **Da stand plötzlich ein Rentier neben mir. „Kann ich dir helfen?“, fragte es mich. Ich wollte ihm gerade von meinem Verlust berichten, da war es auch schon wieder weg.** Plötzlich sah ich meinen Stock, der einige Meter unter mir mitten am Hang lag. Ich rutschte hin, hob ihn auf und ...

Aufgabe 26

Die Reizwörter passen besser zu Höhepunkt b).

Aufgabe 27

Wer?	**Ingrid Meier**
Wann?	**am Heiligen Abend**
Wo?	**vor dem Haus des Bäckers**
Was geschah?	**Frau Meier bemerkte eine junge Katze am Dachfirst, die sich offensichtlich nicht mehr selbst aus ihrer Situation befreien konnte. Frau Meier rief die Feuerwehr, die die Katze vom Dach holte.**

Aufgabe 28

a) **Ich-Erzähler**

b) **Präteritum**

c) **Höhepunkt und Schluss**

d) *Lösungsvorschlag:*

... tröstete ich Lisa: „Aber Lisa, sei doch nicht dumm, es gibt doch keine Gespenster.“ Lisas Angst ließ nach, und so versuchten wir beide wieder einzuschlafen. In dem Augenblick kam ein ohrenbetäubender Lärm von der Terrassentür, die anscheinend jemand mit Gewalt öffnen wollte. „Papa, Mama, kommt schnell! Ein Gespenst will uns holen“, rief Lisa voller Angst und war kreidebleich im Gesicht. Da stand Papa schon im Zimmer, machte Licht und fragte: „Was brüllt ihr denn so, was ist denn los?“ „Papa, ein Gespenst will in unser Zimmer, wir haben es gesehen, und geheult hat es auch“, versuchte ich die Situation zu erklären. Glaubte ich doch inzwischen selbst fest an das Gespenst!

„Ach, so ein Unsinn“, lachte Vater, „nirgendwo ist ein Gespenst! Es kommt allerdings gleich ein Gewitter. Der Sturm hat die Äste vor eurem Fenster bewegt und so fest um das Haus geblasen, dass ihr dachtet, ein Gespenst heult! Und was ihr an der Terrassentür gehört habt, war nur das Klappern der Fensterläden.“

Als Vater das erklärte, wurde Lisa und mir plötzlich klar, was für Angsthasen wir doch waren. Wir schämten uns fast ein wenig, als wir uns wieder ins Bett legten und einschliefen.

Aber vor allem waren wir froh, dass es keine Gespenster gibt!

e) Überschrift: **Ein seltsames Gespenst**

Aufgabe 29

Handlungsschritt 1: Zwei Jungen prügeln sich.
Handlungsschritt 2: Ein Junge rennt weinend zu seinem Papa und erklärt ihm, was passiert ist.
Handlungsschritt 3: Der Vater nimmt seinen Sohn bei der Hand und geht mit ihm zum Tatort. Da kommen auch schon der andere Junge und dessen Vater.
Handlungsschritt 4: Die beiden Väter streiten miteinander, während die Jungen nur danebenstehen.
Handlungsschritt 5: Die Väter werden handgreiflich, die Jungen sehen interessiert zu.
Handlungsschritt 6: Nun schlagen die Väter aufeinander ein. Die Jungen haben ihren Streit begraben und spielen gemeinsam mit Murmeln.

Aufgabe 30

Die Bilder bzw. **Handlungsschritte Nr. 4 und 5**

Aufgabe 31

Gedanken und Gefühle:
Mein Sohn hat ja vollkommen Recht! Dass der andere das nicht einsieht. Dem werde ich es zeigen. Wollen wir mal schauen, wer der Stärkere ist!

Aufgabe 32

Lösungsvorschlag: Wie die Söhne so die Väter

Aufgabe 33

Lösungsvorschlag:
Tom und Luis waren in Streit geraten. Zuerst beschimpften sie sich, dann schlugen sie aufeinander ein. Tom, dem es zu viel wurde, lief weinend zu seinem Vater und jammerte: „Luis hat mich verprügelt, mir tut alles weh." Der Vater tröstete Tom, nahm ihn an der Hand und sagte: „Jetzt suchen wir mal Luis, ich bin ja gespannt, wie der erklärt, dass er dich geschlagen hat!" Am Ort des Geschehens angekommen sahen sie Luis. Dieser hatte inzwischen auch schon seinen Vater geholt. Die beiden Väter gingen sofort aufeinander zu und schimpften: „Was erlaubt sich Ihr Herr Sohn, Tom einfach zu verprügeln?" „Mein Sohn? Ihrer hat angefangen, Ihr Sohn ist ein Schläger!" So ging es hin und her, bis der Vater von Tom handgreiflich wurde. Er packte Luis' Vater am Kragen und rief: „Was erlauben Sie sich eigentlich, so über meinen Sohn zu reden. Ihrem Sohn fehlt doch jede Erziehung." „Sie selbst sind ein unverschämter Lümmel!", ereiferte sich Luis' Vater. Das war für Toms Vater zu viel: Wie ein Boxer platzierte er seine rechte Faust im Gesicht seines Gegners und schon waren die Männer in eine Prügelei verwickelt. Tom und Luis hatten sich die Auseinandersetzung ihrer Väter zuerst angehört, doch inzwischen waren sie davon gelangweilt und hatten begonnen, miteinander Murmeln zu spielen. Sie hatten ihren Streit beigelegt.

Aufgabe 34

Beim Raben: Eitelkeit, Selbstgefälligkeit
Beim Fuchs: Schläue
Die Lehre dieser Fabel: Traue keinem Schmeichler.

Aufgabe 35

Das Ende der Fabel von Äsop lautet im Original:
Der Fuchs stürzte sich auf das Fleisch und rief: „Ach, Rabe, wenn du auch noch Vernunft besäßest, hätte deiner Herrschaft über alle nichts im Wege gestanden."

Aufgabe 36

Lösungsvorschlag:

Ein abenteuerlicher Sprung

Es war schon fast Abend, als ich endlich wieder aufwachte. „Wo bin ich?", überlegte ich erschrocken. Nur mühsam konnte ich die Umrisse eines Baumes wahrnehmen. Ich hatte keine Ahnung, wie ich hierhergekommen war. „Was war eigentlich los?", dachte ich nach. Ich rieb mir den Kopf, der ganz scheußlich wehtat. Da fiel es mir wieder ein: Heute Nachmittag ging ich auf der Wiese spazieren, aber nur so weit, dass ich meinen Teich noch sehen konnte. Schließlich bemerkte ich diesen Apfelbaum. Darauf saß ein Fink, der sich gerade aufplusterte und anfing zu singen. „Pinkepink! Pinkepink, pinkepink!", ging es die ganze Zeit. Ich fand den Gesang langweilig und fasste einen Entschluss: Ich wollte auch auf dem Baum sitzen und singen – aber schöner als der Fink! Also machte ich mich daran, auf einen niedrigen Ast zu springen. Das war gar nicht so einfach, doch bald hatte ich es geschafft. Dann kletterte ich weiter die Rinde hoch. Ich musste mich richtig festkrallen, um nicht herunterzufallen. Und da geschah es auch schon: Ich rutschte ab! Langsam glitt ich den Baum wieder hinab. „Oh nein, hoffentlich geht das gut!", dachte ich entsetzt. Im letzten Moment bekam ich einen Ast zu fassen und setzte mich darauf. Doch nun rief der Fink schon wieder: „Pinkepink, pink, pink". „Hey, du Angeber!", rief ich. „Das kann ich viel besser!" Der Fink ließ sich nicht stören und sang weiter. Jetzt war meine Geduld zu Ende. Ich fing einfach an, so tief und laut wie möglich zu quaken. „Quak, quak! Quakquak!", rief ich. Eine Zeit lang sangen wir im Duett. Das hörte sich recht lustig an, aber der Maus, die auf der Wiese herumlief, gefiel es gar nicht. Sie verkroch sich sofort in ihr Mauseloch. Da hatte der Fink genug. „Ich fliege jetzt weg!", rief er. „Ich suche mir einen Platz, wo ich ungestört singen kann! Juhuu!" Dieser Angeber! „Warte, ich komme mit!", quakte ich. „Was du kannst, kann ich schon dreimal so gut wie du!" Ich kroch vor bis ans Ende des Zweiges, während sich der Fink in die Lüfte erhob. „Na warte, du entwischst mir nicht!", rief ich ihm nach, atmete tief ein und sprang in die Luft. Einen Moment zappelte ich hilflos mit den Armen herum. „Mist, das klappt nicht", dachte ich noch, aber da knallte ich schon auf den harten Boden. Dort lag ich den ganzen Nachmittag, bis ich abends aufwachte …

Wie schreibe ich einen informierenden Text?

Aufgabe 37

Der Unfall vor der Schule	ⓧ
Wie spiele ich Halma?	ⓧ
Als ich Zeuge eines Fahrradunfalls wurde	ⓧ
Wie kommt man zum Schullandheim?	ⓧ
Beschlüsse der SMV-Versammlung	ⓧ
Kochrezept: Spaghetti Bolognese	ⓧ

Aufgabe 38

Der erste **Spieler** darf am Anfang dreimal würfeln und muss dabei versuchen, eine Sechs zu bekommen. Schafft er es nicht, ist der nächste Spieler an der Reihe. Würfelt er eine Sechs, stellt er eine seiner **Spielfiguren** auf das **Startfeld** A. Dann darf er noch einmal würfeln. Jetzt zieht er auf dem **Spielfeld** so weit, wie es die Augenzahl auf seinem **Würfel** anzeigt. Würfelt er nochmals eine Sechs, kommt keine neue Spielfigur auf das Startfeld, denn dieses ist ja noch besetzt. Nur wenn es frei wäre, dürfte er eine neue Spielfigur auf das Startfeld setzen. So geht es reihum weiter. Solange man eine Sechs würfelt, darf man noch einmal würfeln. Nach anderen Würfelpunkten kommt der im **Uhrzeigersinn** nächste Spieler an die Reihe. **Ziel** des Spiels ist es, die anderen Spieler daran zu hindern, ihre Figuren in ihr Haus zu bringen.

Aufgabe 39

Bild 1: ⓧ Ich spielte gerade am Gehsteig, als ein Mann wie wild in die Bankfiliale rannte und mich dabei umschubste.

Bild 2: ⓧ Mein Papa kam sofort und ich erklärte ihm, was geschehen und wo der Mann hingerannt war.

Bild 3: ⓧ Ich nahm meinen Vater an der Hand, ging ebenfalls in die Bank und zeigte ihm den Mann, der mich umgerannt hatte.

Aufgabe 40

1. Einen **Topf** mit **Wasser** füllen
2. **Wasser** aufkochen lassen
3. eine **Prise** Salz und …
4. … in den **Topf** geben
5. die Spaghetti mit einem **Kochlöffel** umrühren, …
6. Spaghetti bei mittlerer **Hitze** …
7. Spaghetti in ein **Sieb** abgießen, …

Aufgabe 41

① Zahnbürste, Zahncreme und Becher bereitstellen
② Becher mit warmem Wasser füllen
③ Zahnpasta auf die Zahnbürste geben
④ Zähne gründlich putzen
⑤ Zahnpasta mehrmals gut ausspülen, eventuell gurgeln
⑥ Zahnbürste von Resten unter fließendem Wasser reinigen
⑦ Zahnbürste, Zahncreme und Becher aufräumen

Aufgabe 42

Lösungsvorschlag:

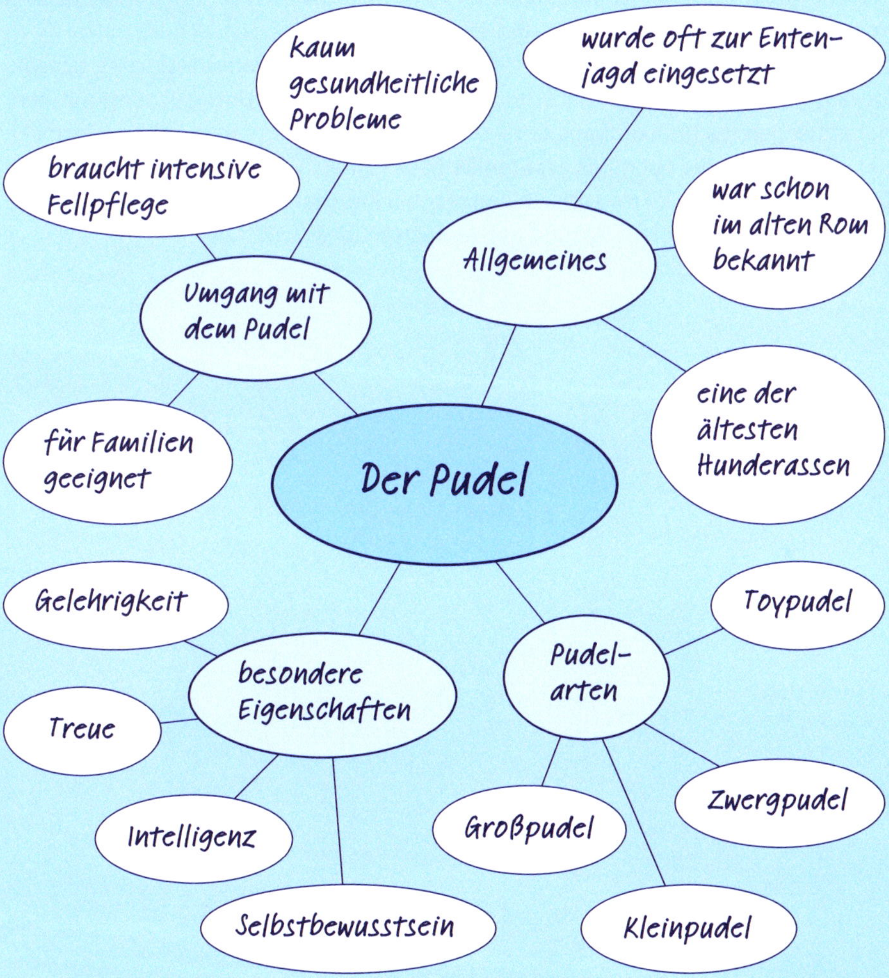

Lösungen 5./6. Schuljahr

Aufgabe 43

Unfall beim Federballspielen

Da gestern schönes Wetter war, beschlossen mein Freund Viktor und ich zum Federballspielen rauszugehen. Auf der Wiese gegenüber unserer Siedlung suchten wir einen freien Platz und spielten. Da wir ungefähr gleich gut spielen, schenkten wir uns nichts und es wurde ein heftiges Match. Als ich dann einen ganz weiten Ball schlug, versuchte Viktor sich erst noch zu strecken, doch da das nicht reichte, um ihn mit dem Schläger zu erwischen, lief er schnell einige Schritte rückwärts. Da geschah das Unglück: Viktor trat mit dem rechten Fuß auf einen größeren Stein, rutschte ab, knickte ein und fiel zu Boden. Er schrie vor Schmerzen, woran ich merkte, dass er sich verletzt haben musste. Ich lief zu ihm hin und er jammerte unter Tränen, dass der rechte Knöchel wehtäte. Auch als ich versuchte ihm aufzuhelfen, jammerte er weiter und blieb liegen. Da rief ich mit meinem Handy meine Mutter an, die alarmierte den Notarzt, der nach etwa drei Minuten eintraf. Der Arzt ließ sich schildern, was sich zugetragen hatte und untersuchte Viktors rechtes Bein. Er vermutete, dass sich Viktor den Knöchel gebrochen habe und ließ ihn zur genauen Untersuchung mit dem Notarztwagen ins Krankenhaus bringen. Meine Mutter hatte inzwischen Viktors Eltern verständigt, die ebenfalls ins Krankenhaus kamen. Wie ich am darauffolgenden Tag erfuhr, hatte sich Viktor wirklich den rechten Knöchel gebrochen. Er musste zwei Tage im Krankenhaus bleiben und durfte dann wieder nach Hause.

Informieren durch Berichten

Aufgabe 44

Thomas, 12. Klasse, 1. Schülersprecher: „Die Klasse 5b möchte statt einer Pause am Vormittag zwei. Sie beantragt, unseren Schulleiter, Herrn Schnell, zu bitten, diese zweite Pause einzurichten. Vielleicht sollten zuerst Ercan und Sandra, die Klassensprecher der 5b, den Wunsch ihrer Klasse erläutern."

Ercan, 10 Jahre: „Das ist voll stressig bei uns. In der Grundschule hatten wir auch zwei Pausen."

Sandra, 11 Jahre: „Ich will es noch genauer erklären. Mit einer Pause haben wir drei Stunden Unterricht, dann Pause, dann wieder drei Stunden Unterricht. Zweimal drei Stunden. Das ist für die meisten von uns schon sehr anstrengend. Man kann sich in der dritten Stunde kaum noch konzentrieren. Deshalb dachten wir, es wäre besser, nach zwei Stunden eine Pause zu machen und nach vier Stunden noch mal eine. Dann hätten wir zwar immer noch sechs Stunden Unterricht, aber immer nur zwei Stunden ohne Pause. Das wäre doch für alle besser, oder?"

Thomas: „Wir verstehen, wie ihr es meint. Möchte sich jemand zu dem Vorschlag äußern?"

Jule, Klassensprecherin der 8a: „Klingt ja gut, aber wie soll das gehen? Wir haben jetzt 20 Minuten Pause, wenn wir zwei Pausen hätten, würden die nur 10 Minuten dauern. Das ist doch viel zu kurz!"

Richie, Klassensprecher der 7d: „Richtig, dann brauche ich mich ja gar nicht mehr bei Herrn Wallner um eine Butterbrezel anstellen. Bis ich die bekomme, ist ja die Pause um!"

Jonas, Klassensprecher der 8b: „Also ich fände eine zweite Pause echt gut."

Luisa, Klassensprecherin der 6c: „Ich auch!"

Jule: „Es kann aber zeitlich gar nicht funktionieren."

Thomas: „Wenn ich mir das bisher Gesagte anhöre, ergibt sich für mich Folgendes: Wir möchten zwar eine zweite Pause, wissen aber, dass zweimal 10 Minuten zu wenig sind. Habe ich das richtig zusammengefasst?"

Alle: „Ja!"

Thomas: „Vielleicht gibt es ja ein Lösung für unser Problem. Hat jemand eine Idee?"

Nele, Klassensprecherin der 11a: „Ich denke schon ständig darüber nach, ob es nicht möglich ist, die erste Pause nach der zweiten Stunde 20 Minuten dauern zu lassen und eine zweite Pause mit 10 Minuten nach der vierten Stunde einzufügen. Dann könnten wir in der ersten Pause Essen und Getränke kaufen und hätten doch zwei Pausen."

Jana, Klassensprecherin der 6a: „Das ist prima! Dann dauert die 5. Stunde nur 35 Minuten!"

Thomas: „Das können wir vergessen, das macht Herr Schnell nie mit."

Nele: „Da hat Thomas Recht, mit einer Kürzung der 5. Stunde können wir Herrn Schnell nicht kommen. Aber daran dachte ich auch gar nicht. Wie wäre es denn, wenn wir mit dem Unterricht 10 Minuten früher beginnen würden? Oder wenn wir 10 Minuten später aufhören würden? Dann hätten wir sechs volle Unterrichtsstunden und könnten trotzdem eine zweite kurze Pause machen."

Thomas: „Neles Vorschlag klingt gut. Das würde Herr Schnell vielleicht akzeptieren. Was meint ihr dazu? Ist jemand gegen diesen Vorschlag? Nein? Dann gebe ich das an Herrn Schnell so weiter, vielleicht ist er ja einverstanden."

Aufgabe 45

- Antrag der Klasse 5b: Sie möchte zwei Pausen.
- Grund: Drei Unterrichtstunden hintereinander sind anstrengend und man kann sich besser konzentrieren, wenn man nur zwei Stunden am Stück hat.
- Hitzige Diskussion. Alle wollen zwei Pausen, sind aber der Meinung, dass zweimal 10 Minuten zu kurz sind.
- Vorschlag von Nele aus der Elften: 20 Minuten und 10 Minuten Pause.
- Kürzung einer Stunde nicht möglich, daher Vorschlag von Nele, 10 Minuten eher anzufangen oder 10 Minuten später aufzuhören.
- Allgemeine Zustimmung. Thomas wird Herrn Schnell darum bitten.

Aufgabe 46

Dann wurde von Stefan der Antrag der 5b vorgestellt: Es soll künftig zwei Pausen geben. Ercan, der Klassensprecher der 5c, meinte, dann wäre der Vormittag nicht mehr so stressig. Die 5. Stunde soll dann nur noch 35 Minuten dauern. Alle waren einverstanden. Jana aus der 11a meinte dann noch, die Schule könnte 10 Minuten eher beginnen und 10 Minuten länger dauern. Thomas möchte nun Herrn Wichtig bitten, die Änderungen einzuführen …

Aufgabe 47

Arbeitsgruppe 1: Das moderne Fahrrad

- Ab 1900 gab es Fahrräder, die den heutigen stark ähneln. **Sie waren aber nicht so schön.**
- Sie hatten schon Kugellager und mit Luft gefüllte Reifen.
- Die Pedale waren über eine Kette mit einem Zahnrad am Hinterreifen verbunden, dadurch wurde dieses angetrieben.
- Die Reifen waren gleich groß.
- Das Fahrrad war niedriger und stabiler als das Hochrad.

Arbeitsgruppe 2: Funktionieren des Fahrrads

- Fahrräder sind einspurige Fahrzeuge.
- Sie bestehen aus einem Rahmen und daran befestigten Rädern.
- Fahrräder werden mit Muskelkraft angetrieben und über eine Lenkstange gesteuert.
- **Das Lenken muss man aber üben!**
- Heute sind Fahrräder mit zwei Rädern üblich.
- **Jeder Mensch kann heutzutage Fahrrad fahren.**

Arbeitsgruppe 3: Die Erfindung des Rads

- Das Rad wurde um 3500 v. Chr. in Mesopotamien erfunden.
- Schon um 2500 v. Chr. wurden in Zentralasien Fahrzeuge mit Rädern verwendet.
- In der Jungsteinzeit erfanden die Menschen in Europa das Rad noch einmal.

Arbeitsgruppe 4: Das Fahrrad in der heutigen Zeit

- Fahrräder sind beliebt, weil sie ein billiges Fortbewegungsmittel sind.
- Radfahrer sind unabhängig vom Benzinpreis.
- Das Fahrrad ist ein Fitness- und Sportgerät.
- **Ich selbst fahre auch gern Fahrrad.**

Arbeitsgruppe 5: Vorläufer des modernen Fahrrads

- Um 1650 gab es erste Fahrräder, die dadurch angetrieben wurden, dass sich der Fahrer mit den Füßen vom Boden abstieß.
- 1817 entwickelte Karl Friedrich von Drais ein Fahrrad, das man lenken konnte.
- 1855 wurde in England ein Fahrrad gebaut, dessen Pedale an der Vorderachse angebracht waren und dessen Reifen aus Eisen waren.
- Der englische Erfinder James Starley entwickelte daraus eine Art Hochrad: Das Vorderrad war dreimal so hoch wie das Hinterrad.
- **Starleys Idee ist ja witzig, aber wie soll man auf diesem Ding fahren?**

Aufgabe 48

① Die Erfindung des Rads
② Funktionieren des Fahrrads
③ Vorläufer des modernen Fahrrads
④ Das moderne Fahrrad
⑤ Das Fahrrad in der heutigen Zeit

Aufgabe 49

Lösungsvorschlag:

Von der Entwicklung des Rads zum Massenfortbewegungsmittel

Heute kennt jeder Mensch das Fahrrad, fast alle können damit fahren. Doch das Fahrrad hat eine lange Geschichte. Schon um 3500 v. Chr. wurde in Mesopotamien das Rad erfunden, um 2500 v. Chr. wurden in Zentralasien Fahrzeuge mit Rädern verwendet. Davon wussten aber die Menschen im jungsteinzeitlichen Europa nichts, sie erfanden das Rad noch einmal.

Doch von der Erfindung des Rads zum Fahrrad, wie wir es kennen, war es noch ein weiter Weg. Unsere Fahrräder sind einspurige Fahrzeuge. Sie bestehen aus einem Rahmen und daran befestigten Rädern. Fahrräder werden mit Muskelkraft angetrieben und über eine Lenkstange gesteuert. Heute sind Fahrräder mit zwei Rädern üblich.

Die Geschichte des Fahrrads beginnt im 17. Jahrhundert. Um 1650 gab es erste Fahrräder, die dadurch angetrieben wurden, dass sich der Fahrer mit den Füßen vom Boden abstieß. 1817 entwickelte Karl Friedrich von Drais ein Fahrrad, das man lenken konnte. 1855 wurde in England ein Fahrrad gebaut, dessen Pedale an der Vorderachse angebracht waren und dessen Reifen aus Eisen waren. Der englische Erfinder James Starley entwickelte daraus eine Art Hochrad: Das Vorderrad war dreimal so hoch wie das Hinterrad. Ab 1900 gab es Fahrräder, die den heutigen stark ähneln. Sie hatten schon Kugellager und mit Luft gefüllte Reifen. Die Pedale waren über eine Kette mit einem Zahnrad am Hinterreifen verbunden, dadurch wurde dieses angetrieben. Die Reifen waren gleich groß. Das Fahrrad war niedriger und stabiler als das Hochrad.

Heutzutage sind Fahrräder beliebt, weil sie ein billiges Fortbewegungsmittel sind, außerdem sind Radfahrer unabhängig vom Benzinpreis. Daneben wird das Fahrrad auch als Fitness- und Sportgerät genutzt.

Informieren durch Beschreiben

Aufgabe 50

① Lege dir zuerst das Material, das du brauchst, bereit: einen roten und einen schwarzen Filzstift, etwas Watte, doppelseitiges Klebeband, farbiges Tonpapier, eine Schere.

② Male mit Filzstiften auf eine deiner Fingerkuppen ein Gesicht: Nase und Augen schwarz, den Mund rot. Umwickle dann deinen Finger unterhalb des aufgemalten Gesichts mit dem Klebeband.

③ Nimm etwas Watte und befestige sie unter dem aufgemalten Gesicht so am Klebeband, dass es aussieht, als hätte das Gesicht einen Bart.

④ Nun schneidest du aus dem Tonpapier ein Dreieck aus, das so groß sein soll, dass es für das aufgemalte Gesicht als Zipfelmütze passend ist.

⑤ Schneide ein zweites derartiges Dreieck aus und klebe die beiden Dreiecke dann so zusammen, dass die Mütze auf der Fingerkuppe hält: Fertig ist der Zwerg!

Aufgabe 51

a) Mein Hund ist ungefähr 40 cm hoch und 80 cm lang. Er hat einen kleinen, eher länglichen als runden Kopf ~~mit kleinen, spitz nach oben stehenden Ohren~~. Durch seine runden, seitlich stehenden Augen, die ständig in Bewegung sind, beobachtet er seine Umwelt aufmerksam. Sein Schwanz ist kräftig, mit ca. 30 cm aber nicht besonders lang. Sein Fell besteht aus ~~langen Haaren~~, die eine intensive Pflege und tägliches Bürsten erforderlich machen. Das Fell ist deutlich gescheckt.

b) ~~Die langen Beine~~ meines Hundes zeigen, dass er gut als Jagdhund eingesetzt werden kann. ~~Auch seine schlanke Gestalt~~ deutet darauf hin, dass er ständig in Bewegung sein will und viel Auslauf braucht.

Aufgabe 52

Der Beagle ist ein **Jagdhund**, der nicht allein, sondern in der Meute eingesetzt wird. Er ist deshalb **das Leben in der Gemeinschaft gewöhnt** und **eignet sich auch wegen seiner fast grenzenlosen Kinderfreundlichkeit hervorragend als Familienhund**. Der Beagle ist ein **stets gut gelaunter Hund von sanftem, fröhlichem und anpassungsfähigem Wesen**. Bei aller **Klugheit** zeigt er auch ein beträchtliches Maß an **Dickköpfigkeit**. **Als Wachhund ist er jedoch ungeeignet.**

Aufgabe 53

Lösungsvorschlag:

Hallo Tim,

stell dir vor, jetzt habe ich endlich einen Hund bekommen, den ich mir schon so lange gewünscht habe. Es ist ein Beagle, wir haben ihn Schecki getauft. Weißt du, wie ein Beagle aussieht? Ich beschreibe ihn dir jetzt und erzähle dir etwas von den Besonderheiten dieser Hunderasse.

Schecki ist ungefähr 40 cm hoch und 80 cm lang. Er hat einen kleinen, eher länglichen als runden Kopf und lange Schlappohren. Durch seine runden, seitlich stehenden Augen, die ständig in Bewegung sind, beobachtet er seine Umwelt aufmerksam. Sein Schwanz ist kräftig, mit ca. 30 cm aber nicht besonders lang. Sein Fell besteht aus kurzen, drahtigen Haaren, die eine intensive Pflege und tägliches Bürsten erforderlich machen. Unser Hund soll sich ja wohl fühlen und keine Flöhe bekommen. Das Fell ist deutlich gescheckt. Deshalb haben wir den Namen Schecki gewählt.

Eigentlich ist der Beagle ein Jagdhund, der in der Meute zur Treibjagd eingesetzt wird. Er ist deshalb das Leben in der Gemeinschaft gewöhnt und eignet sich auch als Familienhund, weil er sehr kinderfreundlich ist. Schecki ist wie alle Beagle stets gut gelaunt und fröhlich. Er versteht alles, was man ihm sagt, ist aber auch recht dickköpfig. Es heißt, Beagle seien als Wachhunde ungeeignet, aber dafür brauchen wir ihn ja nicht.

Jetzt weißt du alles über Schecki, meinen Beagle. Vielleicht kannst du mich ja mal besuchen kommen und ihn sehen. Er wird dir bestimmt gefallen!

Bis bald,
dein Freund Kevin

Briefe schreiben

Aufgabe 54

	SMS	E-Mail	Brief
Du willst deiner Mutter mitteilen, dass du später von der Schule nach Hause kommst.	ⓧ	◯	◯
Du beantragst bei deinem Schulleiter einen zusätzlichen Wandertag.	◯	◯	ⓧ
Du meldest einen Fahrradunfall bei der Versicherung.	◯	◯	ⓧ
Du entschuldigst dich beim Schulhausmeister für die Unordnung und den zurückgelassenen Dreck nach der letzten Unterstufenparty.	◯	◯	ⓧ
Du willst dich mit deinen Freunden zum Baden am See verabreden.	ⓧ	ⓧ	◯

Aufgabe 55

Mir erscheint Brief b) passender.

Grund: Die Eltern werden angemessener (höflicher) angesprochen (Grußformel am Anfang und am Ende des Briefes!), der Sachverhalt wird ausführlicher erklärt, wichtige Einzelheiten werden konkret genannt, die Wortwahl orientiert sich an den Gewohnheiten der Eltern.

Aufgabe 56

	passt	passt nicht
Du hast den Geburtstag deiner Oma vergessen und möchtest dich entschuldigen.	ⓧ	◯
Du bittest deinen Schulleiter darum, am Freitagabend eine Klassenparty veranstalten zu dürfen.	◯	ⓧ
Du bedankst dich bei Herrn Maier, der deine Geldbörse im Bus gefunden und sie dir zurückgebracht hat.	◯	ⓧ
Du lädst deine Freundin zu deiner Geburtstagsfeier ein.	ⓧ	◯
Du berichtest deiner Tante von der Geburt deiner Schwester.	ⓧ	◯

Aufgabe 57

Lösungsvorschlag:

Liebe Enya,
endlich ist es so weit: Auch du wirst 12! Alles, alles Gute zu deinem Geburtstag! Das soll ich dir auch von Mam, Dad und meinem kleinen Bruder ausrichten! Feiere deinen Geburtstag schön, und pass auf dich auf. Sonst geht's dir noch wie der Frau, die gestern neben mir am Fußgängerüberweg stand. Stell dir vor, was der passiert ist:
Ich war morgens auf dem Weg zur Schule und stand gerade am Fußgängerüberweg an der Badstraße. Neben mir eben diese Frau. Sie wollte auch über die Straße. Sie schaute nach rechts und links und ging dann los. Doch genau in dem Augenblick fuhr der Lieferwagen, der vor dem Gemüseladen gehalten hatte an. Ich rief ihr noch nach. „Vorsicht!", hab ich gerufen, aber es war zu spät. Die Fußgängerin hat mich nicht gehört, und als sie schon fast über die Straße war, hat der Wagen sie erfasst. Sie lag dann am Straßenrand und hat sich vor Schmerzen gekrümmt. Gott sei Dank hat irgendwer die Polizei und den Sanitäter geholt, die kamen auch schnell und haben sie mitgenommen. So schnell kann es gehen, wenn man nicht aufpasst!

Ich wünsche dir jedenfalls, dass dir das nicht passiert. Nochmals alles Gute, liebe Enya. Und bis bald!

Viele Bussis!
Deine Tanja

Aufgabe 58

	passt	passt nicht
Du erzählst deiner Brieffreundin von deinen Urlaubserlebnissen.	◯	⊗
Du teilst der Wasserwacht mit, dass du den Schwimmunfall am Badesee beobachtet hast.	⊗	◯
Du bedankst dich beim Busfahrer, dass er die Schultasche, die du vergessen hast, bei dir zu Hause abgegeben hat.	⊗	◯
Du bedankst dich bei deiner Tante in Australien für das Geburtstagsgeschenk.	◯	⊗
Du berichtest der Versicherung über den Hergang des Unfalls, bei dem du angefahren wurdest.	⊗	◯

Aufgabe 59

Lösungsvorschlag:

	Korrekturen:
Hallo Frau Schneider,	**Sehr geehrte**
wie geht es Ihnen? Mir geht es nicht so gut. Ich habe viel Stress mit meinen Eltern. Das liegt daran:	*streichen!*
Ich habe gestern, am 27. April 2006, ein Auto beschädigt. Das kam so: Ich bin zusammen mit zwei Freunden zur Schule geradelt. Wir **hatten großes Palaver**, als wir plötzlich vor uns einen Lieferwagen bemerkten, der halb auf dem Radweg und halb auf dem Fußweg an der Siegburger Straße stand. Meine Freunde wichen nach rechts auf den Fußweg aus, weil ich jedoch links fuhr, wollte ich auf dem Radweg links um den LKW herum fahren. Weil ich ihn aber zu spät bemerkte, riss ich das Fahrrad so stark herum, dass ich den am Straßenrand parkenden VW-Golf am rechten hinteren Kotflügel **eingedellt** habe. Der Fahrer, der noch im Wagen saß, hat sich sofort meinen Namen und meine Adresse aufgeschrieben und meine Eltern verständigt. Diese sind der Meinung, dass es sich um einen Fall für die Haftpflichtversicherung handeln würde und haben mir Ihre Adresse gegeben, damit ich die Sache selbst regeln kann.	**waren ins Gespräch vertieft** **beschädigt**
Ich hoffe nun auf Ihre Hilfe.	*weglassen!*
Bis bald.	**Mit freundlichen Grüßen**
Lennart Mühlbauer	

Berichten

Aufgabe 60

Mareikes Text

Aufgabe 61

a) abwechslungsreiche Fahrt

b) Die Klasse 8b traf sich um 8.15 Uhr am Bahnhof und konnte um 9.05 Uhr vollständig in den Zug einsteigen. Nach einer abwechslungsreichen Fahrt von 4 Stunden und 15 Minuten, die von zweimaligem Umsteigen unterbrochen wurde, erreichten wir um 13.10 Uhr den Zielbahnhof und kamen nach einem halbstündigen Fußmarsch an der Jugendherberge an.

c) Es werden nur Fakten genannt; über das Erlebnis wird nicht berichtet.

Aufgabe 62

a) Wie es zu unserer Klasse gehört, war schon die Anreise ein absolutes Chaos. Lars hatte natürlich wieder einmal verschlafen und hetzte beinahe zu spät auf den Bahnsteig. Er ließ sich auch nicht von Herrn Meister beeindrucken, der schon eine Weile lang nervös, aber vergeblich mit seinem Handy hantiert hatte, um ihn zu erreichen. Im Zug beglückte unsere Klasse unsere Mitreisenden mit fröhlichem und lauten Gesang, umgeschütteten Colaflaschen und einem munteren Fangspiel zwischen den Abteilen. Kein Wunder, dass die beiden uns begleitenden „Lehrkörper" reichlich genervt waren, als wir ankamen. Wir aber auch – bei sengender Hitze schleppten wir uns zu der Jugendherberge und brachen beinahe verdurstet auf der Türschwelle zusammen. Das kann ja toll werden!

b) Er handelt überwiegend von Katrins persönlichen Eindrücken.

c) Zu einem Erlebnisbericht gehört die sachliche Darstellung des Erlebnisses.

Aufgabe 63

a) und b) Die Klassenfahrt der 8b begann am Montag, den 2. September um 8.15 Uhr am Bahnhof. Obwohl der Zug, der uns nach Beingries bringen sollte, erst um 9.05 Uhr abfahren sollte, war dieser frühe Zeitpunkt klug gewählt, denn um halb neun fehlte Lars Christiansen immer noch. Dennoch gelang es, dass alle 24 Schüler pünktlich den Zug besteigen konnten. Während der langen Fahrt versuchten wir uns mit Musik und Spielen zu beschäftigen, was nicht immer die Freude unserer Mitreisenden erweckte. Daher waren nicht nur die Schüler, sondern auch unsere beiden Lehrer, Herr Meister und Frau Stubner, froh, als wir nach 5-stündiger Fahrt endlich in Beingries ankamen. Allerdings ahnten wir noch nicht, dass uns ein längerer Fußmarsch zur Jugendherberge bevorstand, was angesichts der Hitze und des schweren Gepäcks so manchen zum Jammern und Klagen veranlasste.

c) Über das Reiseerlebnis wird sachlich und knapp berichtet.

Aufgabe 64

Am Mittwoch, den 4. September, **unternahm** die Klasse eine Bergwanderung auf die Hohe Geiß, nachdem die Lehrkräfte **überprüft hatten**, ob alle Schüler sichere Schuhe trugen. Auf dem letzten Abschnitt des Rückwegs **stolperte** der Schüler an einer schmalen Wegstelle, wo es auch kein Sicherungsseil gab, über eine Wurzel und **verlor das Gleichgewicht**. Während er **etwa 10 Meter** den Abhang herunterrutschte, prallte er gegen mehrere **Felsbrocken**. Nachdem die Lehrkraft Frau Stubner **Erste Hilfe geleistet hatte**, konnte er den Rest des Weges **bewältigen**. Nach unserer Ankunft im Dorf wurde er **unverzüglich** zu einem Arzt gebracht. Dort wurde festgestellt, dass die Verletzungen **geringfügig** waren. Nachdem seine **Schürfwunden** ärztlich **behandelt worden waren** und ihm eine Tetanusspritze **verabreicht worden war**, konnte er den Rest des Aufenthaltes weitgehend beschwerdefrei verbringen.

Aufgabe 65

Wegen des erhöhten Tempos geriet mein Fahrzeug ins Schleudern und prallte am Kühler gegen die Straßenlaterne.

Aufgabe 66

a) Der Angeklagte wies die Beschuldigung zurück.
b) Stefan Müller beschuldigte den Angeklagten.
c) Der Richter mahnte die Angeklagten, die Wahrheit zu sagen.
d) Der Zeuge bekräftigte seine vorherige Aussage.
e) Der Verteidiger bat, die schwierige häusliche Situation zu beachten.
f) Der Staatsanwalt wies auf die mehrfache Vorbestrafung der Angeklagten hin.

Aufgabe 67

Überschrift	Verheerende Überschwemmung in Beingries
Untertitel	Plichach trat meterweit über die Ufer
Einleitung	Das Unwetter in der Nacht zum Dienstag verursachte erhebliche Schäden in dem Bergort Beingries.
Hauptteil	Da die Plichach etwa 20 Meter über die Ufer trat, wurde die örtliche Jugendherberge nahezu von der Außenwelt abgeschlossen. Die 24 jugendlichen Gäste verließen das Gebäude barfuß. Da sich gegen Abend die Lage entspannte, konnte die Feuerwehr den Keller auspumpen. Es entstand ein Sachschaden von etwa 3.000 €.
Schluss	Ortsbewohner teilten dieser Zeitung mit, dass eine derartige Überschwemmung zum ersten Mal vorgekommen sei.

Aufgabe 68

Stefan Schnarr (a) Absender
Grabengasse 6
97083 Würzburg
Tel. 08 88/12 23 45

Daluga Versicherung (b) Adressat
Herzbergweg 67
12345 Altstadt

25. Oktober 2006 (c) Datum

Anfrage bezüglich Haftpflichtversicherung 34567891 (d) Betreff

Sehr geehrte Damen und Herren, (e) Anrede

am 19. September 2006 reichte ich bei Ihrem Unternehmen einen Antrag auf Kostenerstattung ein. Wie aus dem Schreiben hervorging, beschädigte ich während einer Klassenfahrt die Brille eines Klassenkameraden, die unverzüglich repariert werden musste.

Nachdem ich zwei Wochen später noch keine Antwort von Ihnen erhalten hatte, wandte ich mich telefonisch an Sie. Ich erfuhr, dass die Sachbearbeiterin erkrankt sei und die Angelegenheit von einem Herrn Bader weiterbearbeitet werden würde.

Leider bekam ich auch von Herrn Bader keine Antwort und erfuhr gestern, dass er jetzt in Urlaub sei.

Da die Reparaturkosten von den Mitschülern vorgestreckt wurden, würde ich gerne wissen, ob und wann die Kosten erstattet werden. Meinen Originalantrag lege ich als Kopie bei.

Mit freundlichen Grüßen (f) Grußformel

Stephan Schnarr (g) Unterschrift

Anlage (h) Anlagevermerk

Aufgabe 69

a) Ich versuche seit geraumer Zeit, eine Auskunft von Ihnen zu erhalten.
b) Bis jetzt konnte mich keiner Ihrer Mitarbeiter zufriedenstellend informieren.
c) Ich hoffe auf baldige Überweisung der Summe.
d) Falls wir uns nicht einigen können, werde ich mir rechtliche Mittel vorbehalten.

Aufgabe 70

a) Sie sind durcheinandergeraten und enthalten zu viel Meinung.
b) genaue Namen der Anwesenden; Tagesordnung

Aufgabe 71

Protokoll
über **die Besprechung der Gruppe Nausikaa**
am **14. November 2006**
im **Versammlungsraum des Pfadfinderheims**
Beginn **20.15 Uhr** Ende **22.20 Uhr**

Anwesende: alle Mitglieder der Gruppe Nausikaa;
Torsten Klein fehlt unentschuldigt.

Tagesordnung
Vorbereitung der diesjährigen Weihnachtsfeier

Ergebnisse

1. **Lulu kümmert sich um Speisen und Getränke.**
2. **Christian, Mekki, Anna, Sofia und Clemens studieren ein Theaterstück ein.**
3. **Tilmann und Markus bereiten den Basar vor.**
4. **Am kommenden Montag werden Einzelheiten geplant.**

Tanja Seibold	Stella Markert
(Protokollführerin)	(Gruppenleiterin)

Beschreiben

Aufgabe 72

An einer doppelten Kette aus kleinen silbernen Gliedern befindet sich ein Anhänger, der aus einem unregelmäßig geformten, herzförmigen Rahmen besteht. An der Innenseite dieses Silberrahmens ist rechts unten in einer Fassung ein kleiner Diamant angebracht. Der gesamte Anhänger ist etwa 2 x 2 Zentimeter groß.

Aufgabe 73

b);
bei a) werden keine Informationen gegeben;
bei c) wird zu viel Platz verbraucht.

Aufgabe 74

a) purpurrot
b) smaragdgrün
c) ockergelb
d) weinrot
e) himmelblau
f) zitronengelb
g) schneeweiß
h) taubenblau / taubengrau

Aufgabe 75

Wertvolles Andenken verloren
Am 3. Juli verlor ich ein **silbernes Kettchen** mit
herzförmigem Anhänger im Schwimmbadbereich.
Ich bitte den ehrlichen Finder, es an der Kasse
abzugeben oder mir zuzuschicken
Melanie Meister, 12345 Karlsdorf, Schneiderstr. 12, 08 89 71 / 12 34

Aufgabe 76

Körperbau	athletisch, füllig, korpulent, mager, schlank, zierlich, stämmig
Frisur und Haare	gestylt, Halbglatze, kahl rasiert, langhaarig, lockig, schulterlang, strähnig
Gesichtsform und -farbe	blass, fahl, gesund, gerötet, kantig, kränklich, oval, pausbäckig, rundlich, spitz
Augenform und Augenbrauen	buschig, gebogen, geradlinig, hervorstehend, mandelförmig
Körperhaltung	aufrecht, eingesunken, gebückt, schief

Aufgabe 77

Das kann nur Beate sein. Ich habe sie seit einiger Zeit aus den Augen verloren und muss mich unbedingt bei ihr melden, denn es tut mir leid, dass ich sie so lange nicht gesehen habe.
Beate ist nämlich ein **äußerst interessanter** Mensch und hat kein leichtes Schicksal. Seit Jahren kümmert sie sich um ihre Mutter, die schwer erkrankt ist. Obwohl die alte Dame einen Platz in einem Pflegeheim hat, weigert sich Beate, ihre Mutter in fremde Hände zu geben. Es ist bewundernswert, wie **geduldig** und **mitfühlend** sie mit ihr umgeht. Dabei muss Beate in ihrem Beruf oft **entschieden** und **hartnäckig** sein. Sie ist Personalchefin in meiner ehemaligen Firma und muss sich dort auch in schwierigen Situationen durchsetzen. Manchmal fand ich ihre Entscheidungen etwas hart, aber später musste ich einsehen, dass sie richtig waren.
Bevor sie ihre Mutter bei sich aufgenommen hat, ist Beate viel gereist. Ich glaube, sie hat schon die halbe Welt gesehen und sie spricht auch viele Sprachen. „Reisen ist mein einziges Hobby", sagt sie immer.
Aber dabei vergisst sie zu erwähnen, dass sie eine **talentierte** Fotografin ist. Eigentlich bin ich kein Freund von Diaabenden, aber Beates Reisefotos zu betrachten ist ein reiner Genuss. Vermutlich bedauert sie manchmal, dass sie nie geheiratet hat und keine Kinder hat. Aber sie ist ein Mensch, der das Beste aus jeder Lebenssituation zu machen versteht. Sie ist sehr **gesellig** und liebt komische Filme, weil sie so gerne lacht.
…

Aufgabe 78

a) Pflege der Mutter
b) im Beruf harte Entscheidungen treffen
c) interessante Diashows
d) macht gerne Witze

Aufgabe 79
b), e), h), i), j), m), n), p), r)

Aufgabe 80
Auf dem rechteckigen Schwarz-Weiß-Foto erkennt man den Eingangsbereich eines alten Bauernhauses, das aus Stein gemauert ist. Eine halb geöffnete Holztür, deren oberer Bereich von dem Fotografen nicht aufgenommen wurde, öffnet sich zu einem Innenraum, der so verdunkelt ist, dass man Einzelheiten nicht erkennen kann. Rechts und links ist dieser Eingang von etwa kniehohen, verwitterten Vorsprüngen eingerahmt, neben denen sich jeweils an der Mauerwand alte Weinreben emporranken. An der rechten Seite sieht man nicht nur, wie die Reben vielfach an der Mauerwand verwurzelt sind, sondern man erkennt auch eine alte Stalllaterne, die etwa in Schulterhöhe an der Mauer hängt. Da die Tür nicht ganz in der Bildmitte ist, sieht man von der rechten Hauswand etwa doppelt so viel wie von der linken.
Das Hauptmotiv dieser Fotografie ist jedoch ein alter Reisigbesen mit einem umwickelten Schaft. Er lehnt diagonal an der linken Seite der Türöffnung und versperrt gewissermaßen den Eingang, sodass das wahrscheinlich schon oft benutzte Reisig in der unteren Bildmitte platziert ist.
Die von der Sonne beschienene Hauswand, die alten Rebstöcke sowie die Werkzeuge bäuerlicher Arbeit vermitteln einen Eindruck von Ruhe und Beständigkeit.

Aufgabe 81
c), b), e), a), d), f), h), g)

Aufgabe 82
rechts; zweiten; überquerst; Kreuzung; halblinks; geradeaus; An ihrem Ende; Mitte

Aufgabe 83
Zunächst steckst du deine Geldkarte in den dafür vorgesehenen Schlitz im Bankautomaten. Auf dem Display erscheint eine Begrüßung und die Aufforderung, deine Geheimnummer einzugeben. Wenn du dies getan hast, wirst du gefragt werden, ob du Geld abheben möchtest oder deinen Kontostand erfahren willst. Du drückst auf die entsprechende Taste oder berührst an der erforderlichen Stelle den Bildschirm. Nun wirst du gefragt, welche Summe du abheben möchtest. Deine Entscheidung übermittelst du dem Automaten durch Tastendruck oder Bildschirmberührung. Nun wird deine Geldkarte wieder frei und wenig später das Geld ausbezahlt.

Argumentieren

Aufgabe 84

(Unterstreichungen: These = schwarz, Begründung = blau, Beispiele = weiß)

Mit Sorge betrachte ich seit längerer Zeit die Freizeitgestaltung der heutigen Jugend, die ich am Beispiel meiner eigenen Enkelkinder und deren Freunde recht gut verfolgen kann. Während ich in meiner Jugendzeit ein recht ausgewogenes Verhältnis zwischen Schul- und Berufsbildung, sportlicher Tätigkeit, Engagement in Vereinen und Verbänden erlebte, scheint die heutige Jugend ganz und gar von der Musik verdorben zu werden.

Schon allein das, was die Kids als Musik bezeichnen, ist eine einzige Geschmacksverirrung. Musik hat doch etwas mit Melodie oder Harmonie zu tun. Wenn ich meine Enkel besuche, höre ich aber nur verzerrtes, lautstarkes Geplapper und Gekreisch aus den Kinderzimmern dringen.

Hinzu kommt, dass die jeweiligen Musiker alles andere als Vorbildfiguren für Jugendliche sind. Es handelt sich schließlich nicht nur um exotisch gestylte Gesellen und Gesellinnen, sondern häufig auch um perverse Figuren, die sich voneinander nur in Bezug auf die Scheußlichkeit ihres Make-ups unterscheiden. Als Beispiel für meine Sorge möchte ich nur erwähnen, dass viele dieser populären Personen offen mit dem Gebrauch von Drogen prahlen.

Wenn ich dann noch höre, dass auf den Pop-Konzerten Jugendliche in völlig überfüllten Sälen zusammengepfercht werden und dort mit Wunderkerzen und Feuerzeugflammen ihre Sympathie für die dargebotene Musik demonstrieren, wird mir angst und bange. Immerhin haben wir in letzter Zeit häufig erlebt, wie Hysterie und auch Begeisterung eng gedrängter Massen gefährlich ausufern kann. Kürzlich hörte ich, dass es bei manchen Tänzen darauf ankommt, die Tanzpartner so anzurempeln, dass sie von alleine aus dem Kreis ausscheiden. Hoffentlich eine dumme Ausnahme. Möglicherweise bin ich für derartige Geschehnisse schon zu alt.

Aufgabe 85

a) Welche Eigenschaften sollte ein guter Freund oder eine gute Freundin haben?
b) Warum gehen viele junge Menschen gerne ins Kino?
c) Über welche Themen gibt es im Zusammenleben zwischen Eltern und heranwachsenden Kindern Auseinandersetzungen?

Aufgabe 86

a) Welche Vorteile hat ein eigenes Handy?
b) Warum können Klassenfahrten für Schüler sehr wertvoll sein?
c) Was hält junge Menschen vom Lesen ab?

Aufgabe 87

Folgende Gedanken gehören zur Themafrage:

- man kann wegen der intensiven Eindrücke für eine Zeit die Welt vergessen
- gute Filme bleiben länger in Erinnerung, als wenn man sie im Fernsehen betrachten würde
- ein Kinobesuch mit Freunden verstärkt das Gemeinschaftsgefühl
- viele Filme bieten einen interessanten Gesprächsstoff

Aufgabe 88

1. viele Filme bieten einen interessanten Gesprächsstoff
2. man kann wegen der intensiven Eindrücke für eine Zeit die Welt vergessen
3. gute Filme bleiben länger in Erinnerung, als wenn man sie im Fernsehen betrachten würde
4. ein Kinobesuch mit Freunden verstärkt das Gemeinschaftsgefühl

Aufgabe 89

2. Sie können faire Kritik üben.
3. Sie können gut zuhören.
4. Sie können im entscheidenden Augenblick schweigen.
5. Sie lassen einen in der Not nicht im Stich.

Aufgabe 90

b)

Aufgabe 91

a) in a) und b): ein aktuelles Ereignis erwähnen
b) Er bildet eine Überleitung zum Hauptteil.
c) Beispiel a) ist zu kurz; Beispiel c) führt nicht zum Thema hin.

Aufgabe 92

Einleitung baut auf einem Sprichwort auf.

Aufgabe 93

(These = schwarz; Begründung = blau; Beispiel = weiß)

Zunächst gehört wohl dazu, dass man gleiche oder ähnliche Interessen teilt, denn nur so hat man Gesprächsstoff und eine schöne Zeit zusammen. Eine gute Freundin von mir ist mit mir im Mädchen-Fußballverein. Auch wenn wir manchmal gegeneinander spielen, gefährdet das unsere Freundschaft nicht. Und besonders schön ist, wenn wir am Wochenende gegen andere Mannschaften antreten und Sieg oder Niederlage gemeinsam erleben.

Zu einer guten Freundschaft gehört auch, dass man einander kritisieren kann, dies zeigt nämlich, dass man wirkliches Interesse an dem anderen empfindet. Auch wenn ich mich ärgere, wenn mich meine Freundin wegen meiner ständigen Unpünktlichkeit kritisiert, so muss ich ihr dennoch Recht geben. Und im Grunde will sie nur mein Bestes.

Gute Freunde können aber nicht nur reden, sondern auch zuhören, denn sie wissen, dass viele Sorgen und Probleme sich verringern, wenn man sie jemandem mitteilen kann. In solchen Situationen ist mein älterer Bruder für mich ein guter Freund, der sich einfach meinen Ärger und meinen Kummer anhört, bis ich mich besser fühle.

Nicht immer kann ein guter Freund einem einen Rat geben, aber es ist ganz wichtig, dass ein solcher Mensch schweigen kann, denn nur so kann man ihm vertrauen. Neulich hat einer meiner Kumpel mir ein Geheimnis erzählt, was ihm sein sogenannter bester Freund anvertraut hat. Ich hätte es lieber nicht gehört, denn so kann eine Freundschaft zerstört werden.

Das wichtigste Merkmal von guten Freunden ist, dass sie einen nicht allein lassen, wenn man sie braucht. Denn jeder Mensch kann in eine Notlage kommen, wo man auf einen anderen Menschen angewiesen ist.
Als meine beste Freundin letzte Woche in Panik geriet, weil sie auch zwei Tage vor der Mathearbeit den Stoff nicht verstanden hatte, haben wir uns zusammengesetzt und die Aufgaben gemeinsam gelöst. Ich werde nie vergessen, wie dankbar sie mir war, als sie eine Drei geschrieben hatte.

Aufgabe 94

a) Gute Freunde geben Anregungen; man kann mit ihnen lachen; man kann mit ihnen seinen Kummer teilen

Aufgabe 95
a)

Aufgabe 96
c)

Aufgabe 97
Torsten hat in den vergangenen zehn Monaten krankheitsbedingt 14 Unterrichtswochen versäumt und daher sehr schlechte Noten. Es ist abzusehen, dass er bis zum Schuljahresende seinen Leistungsabfall nicht ausgleichen kann. Eine Rückversetzung in die 7. Klasse würde es ihm ermöglichen, seine fehlenden Kenntnisse wieder aufzubauen.

Aufgabe 98
Sehr geehrte Mitglieder der Schulleitung,
Hiermit beantragen wir, dass unsere Tochter Sabrina den Nachmittagsunterricht zehn Minuten früher verlassen darf.
Seitdem beinahe täglich Nachmittagsunterricht stattfindet, kann unsere Tochter wegen der ungünstigen Verkehrsverbindung erst gegen 18.00 zu Hause sein. Das führt zu einer übermäßigen Belastung unseres Kindes, wenn anschließend noch Hausaufgaben zu erledigen sind. Ein früherer Unterrichtsschluss würde es ihr ermöglichen, bereits eine Stunde früher zu Hause zu sein.
Mit freundlichen Grüßen

Mit Texten umgehen

Aufgabe 99

Bei dieser Zeitungsmeldung handelt es sich um einen darstellenden Text, der sachlich und objektiv berichtet. Der Verfasser will den Leser informieren.

Aufgabe 100

So könnte dein Leserbrief aussehen:

Zur Ihrem Artikel „Schüler Opfer von Gewalt"

Mit Abscheu las ich von den brutalen Übergriffen auf den jugendlichen Fahrgast. Nicht nur dass Schüler sich gegenseitig so gemein behandeln, erfüllt mich mit Entsetzen. Viel fürchterlicher empfinde ich das Verhalten der anderen Fahrgäste. Wie ist es nur möglich, dass keiner der Erwachsenen dem Jungen zu Hilfe gekommen ist? Ist es Gleichgültigkeit oder Feigheit, die diese Tatenlosigkeit verursachen?
Beides keine vorbildliche Eigenschaft.
K. Schneider, Stuttgart

Aufgabe 101

Dieser Bus soll gewaltfrei bleiben. Helft mit!
Keine Übergriffe auf Fahrgäste! Melden Sie dem Fahrer aggressives Verhalten.

Aufgabe 102

Durchschnittlich erhalten Kinder zwischen 6 und 13 Jahren 20 € Taschengeld im Monat, hinzu kommen aber noch 60 € zum Geburtstag und 71 € zu Weihnachten. Von diesem Geld sparen 17 % der Jugendlichen gar nichts, aber auch knapp ein Viertel (23 %) alles. Die Mehrheit, nämlich 60 % der Befragten, spart einen Teil.
So kommt es, dass Jugendliche über ein Sparguthaben verfügen. Mädchen haben mit durchschnittlich 636 € etwas mehr zurückgelegt als Jungen (589 €).

Aufgabe 103

a) Zeilen 4, 6, 9, 15
b) 14–15
c) 12–13
d) 2
e) 8–9, 17–19

Aufgabe 104

Darstellender Text, er will sachlich informieren.

Aufgabe 105

b)

Aufgabe 106

a) Verbraucher werden sparsamer
b) Großzügigkeit gegenüber Kindern
c) Taschengelder werden immer höher
d) Kinder und Jugendliche haben eine hohe Kaufkraft

Aufgabe 107

b)

Aufgabe 108

Man erfährt zu wenig von dem eigentlichen Inhalt; im letzten Satz geht die Zusammenfassung über den Inhalt hinaus.

Aufgabe 109

a) Das **„Tagebuch der Anne Frank"** (Titel, Textsorte) enthält die **Aufzeichnungen** (Textsorte) des **jüdischen Mädchens Anne (Verfasserin, Hauptperson)**, das sich zusammen mit **seiner Familie** (Hauptperson) in einem **Amsterdamer Hinterhaus** (Ort) **vor den Nazis** (Zeit) verstecken musste.

b)

Juni 1942:	Anne lebt ein normales Leben und erhält ein Tagebuch als Geschenk.
Juli 1942:	Die Familie muss sich vor den Nazis verstecken.
Die folgenden 2 Jahre:	Mit anderen Menschen verbringt die Familie eine schwere Zeit in ständiger Angst.
August 1944:	Die Versteckten werden entdeckt.
Nachwort:	Anne stirbt 1945 in einem KZ.

c) Dieses Buch ist ein **erschütterndes Dokument** der Judenverfolgung. Es wurde in nahezu alle Sprachen der Welt übersetzt und millionenfach gedruckt.

Aufgabe 110

So könnte deine Inhaltsangabe aussehen:

Die Ballade „Belsazar" von Heinrich Heine wurde in der ersten Hälfte des 19. Jahrhunderts geschrieben und handelt von dem letzten Abend im Leben des babylonischen Königs Belsazar, der 539 v. Chr. starb.

Zu Beginn des Textes erfährt der Leser, dass Belsazar mit seinem Gefolge ein Trinkgelage abhält. Der Wein treibt den König zu einer Gotteslästerung, die von den Untergebenen mit Beifall begrüßt wird. Daraufhin steigert Belsazar seine Verachtung für den Gott Jehova und lässt heilige Gerätschaften aus dessen Tempel rauben. Aus einem solchen Kelch trinkt er weiterhin Wein und setzt seine Gotteslästerung fort, indem er Jehova verhöhnt. Kurz nachdem er ahnt, dass er zu weit gegangen ist, erscheint eine Feuerschrift an der Wand. Nun bekommen alle Anwesenden Angst, die herbeigerufenen Weisen können die Schrift nicht entziffern. In derselben Nacht wird Belsazar ermordet.

Aufgabe 111

1. i), 2. b), 3. e), 4. a), 5. c), 6. f), 7. g), 8. d), 9. h)

Aufgabe 112

Dramatische Texte sind eigentlich keine Lesetexte, sondern sollen **auf einer Bühne, in einem Film oder in Form eines Hörspiels** von Schauspielern oder Sprechern umgesetzt werden.

Bei einer solchen Umsetzung wird in einem **beschränkten Zeitraum** ein Ereignis vor dem Publikum entwickelt, zu einem **Höhepunkt** gebracht und zu einem **wirkungsvollen Ende** geführt.

In traditionellen dramatischen Texten entfaltet sich die Handlung in **drei oder fünf Akten**, die wiederum in **Szenen** unterteilt sind. Es gibt jedoch auch **Einakter** oder **Sketche**, in denen sich das Geschehen in einem kürzeren Zeitraum zu einem Höhepunkt hin entwickelt.

Tragödien sind dramatische Texte, die den Untergang einer oder mehrerer Figuren zum Thema haben; in **Komödien** verwandelt sich eine zunächst verwickelte Ausgangslage zu einem guten Ende.

Die Handlung eines dramatischen Textes entfaltet sich in **Dialogen** (Zwiegesprächen) und **Monologen** (Selbstgesprächen). **Szenenanweisungen** geben an, wie man sich das Umfeld vorzustellen hat und in welcher Verfassung die handelnden Personen sind.

Aufgabe 113

(1) b), (2) d), (3) a), (4) c)

Aufgabe 114

Die Zeitungsmeldung könnte folgendermaßen lauten:

König Belsazar – Opfer eines Mordanschlags

In der vergangenen Nacht erlag König Belsazar den Folgen eines heimtückischen Mordanschlags. Die Täter werden in dem Personenkreis von Gästen vermutet, die am Abend zuvor zusammen mit dem König einer Feier beiwohnten. Wie der Redaktion bekannt wurde, führte erheblicher Alkoholgenuss zu ausfallendem Verhalten des Königs. Möglicherweise steht dieses Verhalten in ursächlichem Zusammenhang zu seiner Ermordung.

Aufgabe 115

1. Steigerung	Belsazar begeht mit Worten Gotteslästerung
2. Steigerung	Belsazar lässt den Tempel schänden und betreibt durch Taten Gotteslästerung
Höhepunkt	Die unheimliche Schrift an der Wand führt zu allgemeinem Erschrecken
Abfall der Kurve	Die Weisen können die Schrift nicht deuten
Schluss	Belsazar wird ermordet

Aufgabe 116

Anblick: funkeln, leuchten, gülden, schäumend, weiß, schreiben, schwinden, stier, schlottern, totenblaß

Geräusch: klirren, jauchzen, klang, wild lästern, brüllen, laut rufen, kunden (verkünden), grauses (Wort), verklingen, gellend, verstummen, leichenstill, keinen Laut geben

Freie Erörterung

Aufgabe 117

Lineare Erörterungsthemen sind 1., 4., 7. und 13.
Dialektische Aufgabenstellungen sind 2., 3., 5., 6., 8., 9., 10. und 12.
Aufgabe 11. ist eine Mischform. Die Überprüfung der These fordert dich auf, Argumente wie Gegenargumente zu berücksichtigen, während der zweite Teil eine lineare Darstellung erzwingt.

Aufgabe 118

Formulierungen, die auf eine dialektische Erörterung schließen lassen, sind beispielsweise:
- Erörtere, ob/inwieweit du dieser Meinung/Auffassung zustimmen kannst!
- Setze dich mit dieser Behauptung auseinander!

Aufgabe 119

a) Deine ungeordnete Stoffsammlung zum Thema könnte folgende Aspekte beinhalten:
   - Schlankheitswahn, Diäten
   - Schönheitskult
   - Operationen als letztes Mittel
   - Models in Zeitungen, Fernsehen
   - Musikvideos
   - Fernsehsendungen mit Schönheitsoperationen
   - Körperkult
   - auch immer mehr Jungen legen Wert auf ihr Äußeres
   - Bedeutung von Aussehen für Partnerfindung
   - Mädchen leiden unter zu kleinem/großem Busen
   - Zahnspange als Schönheitskorrektur hat heute doch jeder
   - Angebote für Operationen in den Medien
   - Vorbilder im Show-Geschäft

b) - Elektronik in Autos
   - Intensivmedizin
   - Telekommunikation
   - E-Mail
   - Internet
   - Textverarbeitung
   - Digitale Bildbearbeitung
   - Handy
   - Jeder hat heute einen PC
   - Laptops – Computer überall einsatzbereit
   - GPS Satellitensystem

- Filmindustrie (animierte Cartoons, Special Effects)
- Rüstung (Überwachung, computergesteuerte Waffen)

Eine abschließende Stellungnahme könnte lauten: Aussage ist zutreffend, Computer sind nicht mehr aus unserem Leben wegzudenken.

Aufgabe 120

So könnte deine Mindmap aussehen:

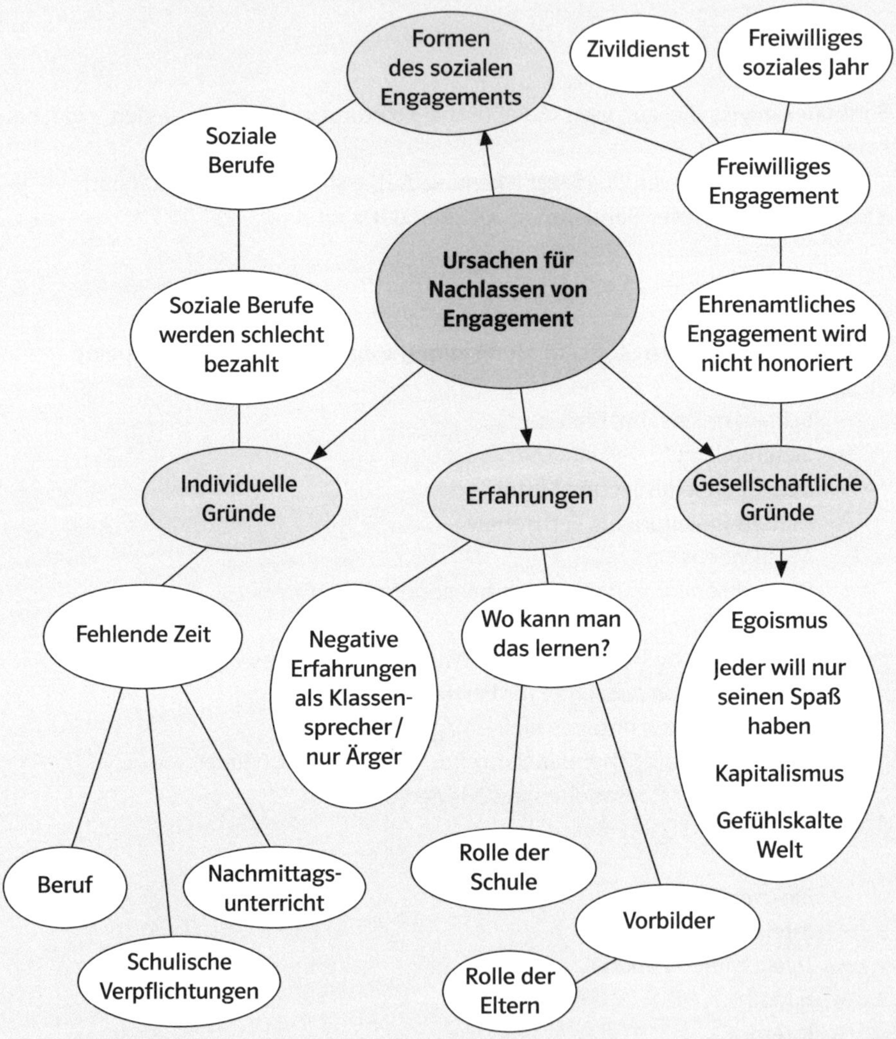

Aufgabe 121

Folgende Punkte könnten zunächst in deiner ungeordneten Stoffsammlung enthalten sein:

- Skandale von Politikern
- Politik ist langweilig
- Politik ist so kompliziert
- Ich lese keine Zeitung
- Politiker interessieren sich nicht für Jugendliche
- Politiker wollen nur wieder gewählt werden
- Schmiergelder aus der Wirtschaft
- Bestechungen/Nebeneinkünfte von Politikern
- Politiker machen doch sowieso, was sie wollen
- Man kann doch nichts ausrichten

Folgende übergeordnete Gesichtspunkte sind möglich:

a) Fehlverhalten von Politikern (Skandale, Bestechungen, Schmiergelder, Nebeneinkünfte mit Beispielen)

b) Verhalten von Jugendlichen, der Einzelne und die Politik (Politik ist langweilig und kompliziert; ich verfolge die Nachrichten nicht, auch aus meiner Klasse nur wenige)

c) Wirkung von Politikern und Politik (Gefühl, nichts ausrichten zu können; Politiker interessieren sich nicht für Jugendliche, nur Interesse an Wiederwahl; Politiker machen, was sie wollen)

So könnte deine Gliederung aussehen:

1. Fehlverhalten von Politikern
1.1 Bestechungen, Schmiergelder, Nebeneinkünfte
1.2 Skandale

2. Wirkung von Politikern auf Jugendliche
2.1 Politiker interessieren sich nicht für Jugendliche
2.2 Ausschließliches Interesse: Wiederwahl
2.3 Politiker machen, was sie wollen
2.4 Gefühl der Machtlosigkeit

3. Verhalten von Jugendlichen
3.1 Grundeinstellung: Politik ist langweilig und kompliziert
3.2 Kein Interesse (kein Verfolgen der Nachrichten/Zeitunglesen)

Aufgabe 122

Folgende Punkte könnten in deiner ungeordneten Stoffsammlung enthalten sein:

Pro

- sexistisch / frauenfeindliche Darstellung
- gewaltverherrlichend
- Beispiel?
- Amoklauf von Erfurt
- Computer führen zur Isolation / manche verbringen Zeit nur noch vor dem Bildschirm

Contra

- spannend
- phantastische Animationen
- Computerspiele führen nicht zu Gewalt im richtigen Leben
- Man kann gemeinsam spielen

Aufgabe 123

a) Unter der Annahme, dass du außerunterrichtliche Veranstaltungen wie Ausflüge oder Betriebsbesichtigungen nicht missen möchtest, solltest du zuerst die negativen Aspekte nennen, um diese dann mit positiven Argumenten zu entkräften.

So könnte deine aspektbezogene Gliederung aussehen:

1. Unterrichtsausfall
1.1 Unterrichtsausfall durch Aktivitäten
1.2 Mehr Unterrichtsausfall durch Abitur, Konferenzen, Lehrerfortbildung

2. Gemeinschaft erleben
2.1 Gruppenarbeit, Teamarbeit, sportlicher Wettkampf in der Schule fördert Gemeinschaft
2.2 Starkes Gemeinschaftserlebnis im Schullandheim, gemeinsame Aktivitäten außerhalb der Schule fördern Kennenlernen in stärkerem Maße

3. Lernerfolg/Fortschritt
3.1 Stoff des Bildungsplans muss durchgebracht werden; Fülle des Stoffes
3.2 Anschauliches Lernen vor Ort (Betriebsbesichtigung)
3.3 Man kann nicht alles aus Büchern lernen, um es zu verstehen (z. B. Fahrten zu Konzentrationslagern)

b) Unter der Annahme, dass du die Chancen höher bewertest als die Probleme, solltest du immer zuerst die Probleme darstellen. So bleiben die Chancen dem Leser auch am Ende am besten in Erinnerung.

So könnte deine aspektbezogene Gliederung aussehen:

1. Ausländer in Deutschland
1.1 Herkunft, Tradition und Lebensweisen

2. Kriminalität
2.1 Kriminalität durch Ausländer
2.2 Kriminalität durch Deutsche

3. Deutschland ohne ausländische Arbeitnehmer / ausländische Mitbürger?
3.1 Arbeitslosigkeit von Deutschen
3.2 Ausländische Arbeitnehmer und Greencard: Deutschland braucht Fachkräfte

4. Deutschland als multikulturelle Gesellschaft
4.1 Problem der Integration
4.2 Staatliche Maßnahmen zur Integration (Sprachförderung)
4.3 Verschiedene Kulturen können voneinander lernen
4.4 Toleranz als Tugend

Aufgabe 124

Der Autor steht sicherlich der Ausgangsthese kritisch gegenüber, da er die Argumente, die für einen mangelnden Informationswert sprechen, zuerst aufzeigt, um dann Beispiele zu nennen, in denen Informationen vermittelt werden.

Aufgabe 125

Übergeordnete Gesichtspunkte sind:

1. Programmgestaltung und 2. Nachrichten

Aufgabe 126

Verbesserungen und treffendere, gewichtigere Formulierungen sind in blauer Schrift gedruckt.

Sicherlich ist Kritikern Recht zu geben, wenn man an die privaten Fernsehstationen denkt. Diese finanzieren sich ausschließlich durch Werbung und sind deshalb auf Zuschauer angewiesen. Deshalb setzen sie auf Unterhaltung und bringen vornehmlich Spielfilme, Quizshows und Soaps wie „GZSZ".
Auf der anderen Seite ist zu betonen, dass die öffentlich-rechtlichen Sender durchaus ein ziemlich ausgewogenes Angebot an Informations- und Unterhaltungssendungen bringen. Bei den Informationssendungen ist nicht nur an die Nachrichten zu denken, sondern auch an die vielen politischen Magazine (z. B. „Brennpunkt") oder Talkshows mit hochrangigen Gästen (z. B. „Anne Will").
Noch wichtiger zur Beurteilung der Fragestellung, ob der Informationswert des Fernsehens null und nichtig sei, ist die Betrachtung der Nachrichtensendungen. Man muss einräumen, dass Nachrichten auf den privaten Kanälen weniger der Information, sondern eher dem Infotainment, also bestenfalls der informativen Unterhaltung dienen. Dabei werden Fakten zugegebenermaßen zu Sensationen aufgebauscht. Ihre Nachrichten betonen daher auch Unglücksfälle und Katastrophen wie z. B. Überschwemmungen oder Verbrechen.
Entscheidend ist jedoch, dass bei ARD und ZDF die harten Fakten wie z. B. Arbeitslosenstatistiken oder die Berichte von Staatsbesuchen dominieren. Aufmachung und Berichterstattung sind seriös.
In Anbetracht dieser Tatsachen kann wohl niemand behaupten, dass der Zuschauer im Fernsehen nicht gut informiert sind.

Aufgabe 127

Deine ungeordnete Stoffsammlung sollte folgende Gesichtspunkte enthalten:

- Pressefreiheit im Grundgesetz
- Informationsbedürfnis der Öffentlichkeit
- Schwarze Schafe gibt es überall
- Unterscheidung von Boulevard-Journalismus (Bild-Zeitung) und seriöser Presse
- Lady Di in den Tod getrieben
- Politiker werden in den Schmutz gezogen (Jugendsünden)
- Beispiel: Amerika
- Wo ist die Grenze für die Einschränkung der Pressefreiheit?
- Leserinteresse an Schlagzeilen
- Öffentlich-rechtliches Fernsehen und private Sender
- Schutz von Prominenten?
- Publicity-Sucht von Promis; diese suchen doch auch nach Schlagzeilen
- Selbstzensur: erfolgreiches Beispiel: Tour de France; Deutschland: Privatleben von Spitzenpolitikern im Wahlkampf
- Einschränkung der Pressefreiheit in Russland
- Schlechte Erfahrungen im Nationalsozialismus
- Schlussfolgerung: Pressefreiheit muss als wertvolles Gut voll erhalten bleiben

Mögliche übergeordnete Aspekte könnten sein:

A. Unterscheidung von Boulevardjournalismus und seriösen Medien (Zeitungen, Fernsehen); Informationsbedürfnis der Öffentlichkeit, Nachfrage nach Schlagzeilen

B. Pressefreiheit (Grundrecht; Erfahrungen mit Einschränkungen von Pressefreiheit; Bedeutung von Pressefreiheit)

C. Verletzung der Privatsphäre insbesondere bei Prominenten (Lady Di, Amerika, Publicity-Sucht von Personen des öffentlichen Lebens)

D. Selbstzensur (schlechte Erfahrungen; schwarze Schafe; erfolgreiche Beispiele: Tour de France; Privatleben deutscher Politiker)

Und so könnte dann deine Gliederung aussehen:

1. Unterscheidung von Boulevardjournalismus und seriösen Medien
1.1 Machart der Bildzeitung / Private Fernsehsender
1.2 Zurückhaltung der seriösen Medien

2. Verletzung der Privatsphäre bei Prominenten
2.1 Verfolgung und Tod von Lady Diana
2.2 Zustände in Amerika
2.3 Publicity-Sucht von Personen des öffentlichen Lebens

3. Selbstzensur
3.1 Schwarze Schafe gibt es überall
3.2 Erfolgreiche Beispiele: Tour de France; Privatleben deutscher Politiker

4. Pressefreiheit
4.1 Erfahrungen mit eingeschränkter Pressefreiheit
4.1.1 Nationalsozialismus
4.1.2 Russland
4.2 Schwierige Grenzziehung zwischen Meinungs-/Pressefreiheit und Schutz des Einzelnen
4.3 Pressefreiheit als wertvolles Gut im Grundgesetz verankert

Aus diesen Vorarbeiten ergibt sich ein Hauptteil, den du folgendermaßen formulieren könntest:

Es dürfte kaum richtig sein, allen Journalisten zu unterstellen, dass sie die Privatsphäre von Menschen mit ihren Berichten und Fotos verletzen. Hilfreich ist in diesem Zusammenhang sicherlich die Unterscheidung zwischen einem Boulevardjournalismus, wie ihn die Bild-Zeitung pflegt, und seriösen Medien. Journalisten der sogenannten Regenbogenpresse, die Menschen gern in den schillerndsten Farben darstellt, sind zugegebenermaßen stets auf Sensationen und Skandale aus. Mit der Konkurrenz im Nacken und der Suche nach exklusiven Bildern und Geschichten fällt es ihnen sicher nicht immer leicht, die nötigen Grenzen zu respektieren.
Ich denke, man muss aber diesen Medienmachern die Vielzahl der Reporter gegenüberstellen, die unser tägliches Informationsbedürfnis in hervorragender Weise befriedigen. Man denke nur an die große Menge der seriösen Blätter bzw. an die öffentlich-rechtlichen Fernsehsender, deren gute Arbeit hier hervorzuheben ist.

Problematisch ist jedoch im Allgemeinen nicht die Verletzung der Privatsphäre des Normalbürgers, sondern die von Menschen, die im öffentlichen Interesse stehen. In diesem Zusammenhang ist also an Prominente aus der Politik, der Film- und Musikindustrie oder des Sports zu denken.
Ohne Zweifel hat es schlimme Entgleisungen von Journalisten in den vergangenen Jahren gegeben. Den meisten dürfte noch in Erinnerung sein, wie Lady Diana ihre Söhne und sich selbst vor der Meute der Journalisten schützen wollte. Schließlich raste sie von Paparazzis verfolgt in den Tod.
Auch die Zustände in Amerika sollten uns zu denken geben. Wenn dort Jugendsünden eines Politikers ausgeschlachtet werden oder Untersuchungsberichte über Sexualkontakte eines Präsidenten ins Internet gestellt werden, muss man das Verhalten von Journalisten in der Tat kritisch unter die Lupe nehmen.
Auf der anderen Seite scheint mir wichtig zu sein, dass Menschen, die im Rampenlicht stehen, stets auch die Presse suchen. Sie leben davon, dass Journalisten über sie berichten, sodass es ein zweischneidiges Argument ist, zu behaupten, die Medien sollten sie einfach in Ruhe lassen.
Sinnvoll wäre in jedem Fall ein Pressekodex, in dem sich Journalisten freiwillig dazu verpflichten, gewisse Grenzen einzuhalten. Es bleibt die Tatsache anzuerkennen, dass manche Journalisten trotzdem diese Grenzen überschreiten werden. Dennoch ist einzuräumen, dass es überall schwarze Schafe gibt. Auf der anderen Seite ist zu betonen, dass es viele Reporter gibt, die sich auch ohne Festschreibung schon an Grenzen halten, die ihnen ihr Anstand vorgibt.
Darüber hinaus ist trotz aller Kritik hervorzuheben, dass es bei uns in Deutschland durchaus erfolgreiche Beispiele dafür gibt, dass eine Selbstzensur gelingen kann. Bei der Tour de France müssen sich die Fahrer häufig während der Fahrt ihres Urins entledigen. International gibt es keine Kamera, die Bilder einfängt, wie dies geschieht. Ferner ist bemerkenswert, dass trotz der parteipolitischen Differenzen das Privatleben von Politikern keine Rolle spielt. Es bleibt selbst im Wahlkampf tabu, zu erwähnen, ob jemand homosexuell oder geschieden ist.
Entscheidend ist für mich, dass die Pressefreiheit als Grundrecht ein hohes Gut ist.
Wir in Deutschland haben während der Zeit des Nationalsozialismus furchtbare Erfahrungen mit der Einschränkung von Meinungs- und Pressefreiheit machen müssen. In vielen Ländern der Welt darf nicht über politische Missstände berichtet werden. Journalisten sind der Gefahr ausgesetzt, wenn sie solche Missstände aufdecken, dass sie verhaftet werden.
Es stellt sich daher die Frage, wo die Grenze zu ziehen ist zwischen der notwendigen Pressefreiheit im Interesse der Allgemeinheit und dem Schutz des Einzelnen. Vermutlich ist es unmöglich, eine definite Grenze anzusetzen.
Die Pressefreiheit ist ein erkämpftes Recht, das im Grundgesetz verankert ist, ein Recht, dass wir nicht leichtfertig aufs Spiel setzen sollten.

Aufgabe 128

Mögliche Einleitungen aus deinem persönlichen Erfahrungsbereich:

Als ich neulich mit der Straßenbahn nach Hause fuhr, schrieb ich eine SMS an meine beste Freundin. Eine alte Frau saß mir gegenüber und fragte, was ich da machen würde. Auf meine Erklärung erwiderte sie, zu ihrer Zeit hätte es das nicht gegeben. Spontan rutschte mir heraus, ohne mein Handy könnte ich nicht leben. Später musste ich über die Begegnung nachdenken und fragte mich, ob ich das Mobiltelefon wirklich brauche. Die Gedanken, die mir in diesem Zusammenhang durch den Kopf gingen, habe ich im folgenden zu Papier gebracht.

Aufgabe 129

a) *Einleitung mit rhetorischer Frage:*
„Warum müssen wir uns eigentlich damit beschäftigen? Wir können uns doch nicht ewig dafür schuldig fühlen!?" Solche Fragen hört man immer häufiger, wenn es darum geht, sich in der Schule mit dem Nationalsozialismus auseinanderzusetzen oder sogar Gedenkstätten wie Konzentrationslager zu besuchen. Ist es sinnvoll, solche Stätten aufzusuchen oder sollten wir die Geschichte nicht endlich einmal ruhen lassen? Dieser Frage möchte ich in meiner Erörterung nachgehen.

b) *Hauptteil (Ausschnitt)*
Unter der Annahme, dass du solche Fahrten befürwortest, könnte ein Ausschnitt des Hauptteils folgendermaßen aussehen:
Es ist sicher richtig, wenn behauptet wird, dass das Thema Nationalsozialismus einen vielleicht zu großen Stellenwert in der Schule einnimmt. In beinahe jeder Jahrgangstufe wird in den Fächern Deutsch, Geschichte oder Religion darauf Bezug genommen.
Auf der anderen Seite belegen Umfragen immer wieder in erschreckender Weise, wie wenig Jugendliche tatsächlich über das Thema wissen. Gerade die Klasse 10, die für nicht wenige den Abschluss ihrer Schullaufbahn bedeutet, ist die beste Zeit, sich intensiv mit der Zeit des Nationalsozialismus auseinanderzusetzen. Hier haben die Schüler die notwendigen historischen Kenntnisse und den persönlichen Reifegrad für eine sachliche Analyse der Vorgänge. Dies sind entscheidende Voraussetzungen für das Verstehen und Nachempfinden. In diesen Zusammenhang gehört auch der wichtige Aspekte einer Fahrt zu einer der Gedenkstätten.

Aufgabe 130

Fortsetzung und Schluss der obigen Erörterung:

Nach Abwägung der Argumente komme ich zu dem Ergebnis, dass Fahrten zu nationalsozialistischen Gedenkstätten eine zentrale Funktion für das Verständnis der damaligen Zeit besitzen. Erst durch den persönlichen Eindruck der Gegebenheiten vor Ort wird einem klar, wie viel Leid Menschen erleben mussten. Diese wichtige Erfahrung kann nicht mit Büchern im Klassenzimmer gemacht werden.

Aufgabe 131

Deine Stellungnahme könnte folgendermaßen aussehen:

Nach den obigen Ausführungen komme ich zu dem Ergebnis, dass man den gegenwärtigen Trend im Fernsehen nur bedauern kann. Sicherlich sind die privaten Fernsehsender zu einem großen Teil schuld an der Entwicklung, aber sie entsprechen damit in hohem Maße der Nachfrage bzw. den Erwartungen der Zuschauer. Für mich persönlich gibt es daraus nur eine einzige Konsequenz: Abschalten!

Aufgabe 132

Rede des Mittelstufensprechers zur Streichung außerunterrichtlicher Aktivitäten:

Liebe Klassensprecherinnen und Klassensprecher,
liebe Mitschülerinnen und Mitschüler,
vielen Dank, dass ihr so zahlreich erschienen seid. Ihr wisst, wir haben euch zusammengerufen, um in dieser außerordentlichen SMV-Sitzung die Position der Schüler zu klären. Auf Drängen von Eltern und Lehrern hat die Schulleitung beschlossen, Klassenfahrten, Betriebsbesichtungen und andere außerunterrichtliche Aktivitäten deutlich einzuschränken, damit nicht so viel Unterricht ausfällt. Uns Schüler hat man bisher nicht dazu befragt, aber es wäre wichtig, unseren Standpunkt in der Schulkonferenz deutlich zu machen. Ich möchte – sofern ihr mir zustimmt – mich dafür starkmachen, dass das bisherige Angebot in vollem Umfang aufrechterhalten wird.
Sicherlich ist einzuräumen, dass der Unterricht zu häufig ausfällt. Dies ist in der Tat zu beklagen, schließlich sollen wir in der Schule etwas lernen. Es fragt sich nur, wofür der Unterricht ausfällt. Dies wird nämlich hauptsächlich nicht durch außerunterrichtliche Aktivitäten hervorgerufen, sondern durch Krankheit von Lehrern, Fortbildungen und insbesondere die zentralen Prüfungen wie z. B. das Abitur. Hier sollte meines Erachtens nicht etwas als Sündenbock herhalten, was gar nichts mit der Sache zu tun hat.
Neben den fachlichen Kenntnissen soll Schule auch soziale Fähigkeiten wie Teamarbeit vermitteln. Arbeiten in einer Gemeinschaft ist sicher nicht immer leicht und muss deshalb trainiert werden.
…

Textgebundene Erörterung

Aufgabe 133

vornehmlich inhaltlich erfassen: a), c), d), g)
intensiv analysieren: b), e), f)

Aufgabe 134

Situation der Jugendlichen heutzutage: ihr Verhältnis zu den Erwachsenen; ihr Stellenwert in der Gesellschaft; ihre Freiheiten und die Zwänge, denen sie ausgesetzt sind.

Aufgabe 135

Erster Teil („Überprüfe, inwiefern ... ausgesetzt ist"): These Fehrenbachs, Jugendliche seien einem großen Druck ausgesetzt (vgl. auch seine Beispiele, Z. 41–46), ist kritisch und differenziert zu beleuchten (für welche Lebensbereiche der Jugendlichen gilt das in welchem Maß?), eigene Einschätzung ist zu begründen.
Zweiter Teil („erörtere Strategien ..."): hier wird eine freie Erörterung verlangt, die an der Einschätzung aus dem ersten Erörterungsteil ansetzt.

Aufgabe 136

Vorschlag für eine Einleitung:
Nicht zuletzt die Ideale, die uns in der Werbung vorgeführt bzw. vorgegeben werden, zeugen vom Anspruch vieler Menschen in unserer heutigen Gesellschaft, jung zu bleiben, die Jugend solange wie möglich zu erhalten. „Unser Jugendkult", wie Oskar Fehrenbach schon in der Überschrift seines Zeitungsartikels dieses Phänomen bezeichnet, bringt eine veränderte Situation der Jugendlichen mit sich: Die Jugendlichen scheinen sich einer größeren Freiheit zu erfreuen, als das jemals in der Geschichte der Fall war; vielleicht führt aber gerade diese Freiheit auch zu größerem Druck, zu mehr Zwängen. Dieser Fragestellung geht Fehrenbach mit seinem Text nach.

Aufgabe 137

Z. 1–6: Der Jugendkult – Anspruch und Anstrengungen, jung zu bleiben
Z. 7–18: „Prohibitive" Erziehung – die Situation Jugendlicher in früheren Zeiten
Z. 18–29: Autonomie und Freiheit der Jugendlichen heutzutage
Z. 30–38: Bewertung und Ursachen der Entwicklung
Z. 39–46: Bewertung der Situation heutiger Jugendlicher

Aufgabe 138

Beispiel für eine nicht begründete These:

„Jedenfalls tut jeder, was er kann, um nicht zum alten Eisen zu gehören." (Z. 6 f.)

Beispiel für eine begründete These:

„Wer diese Entwicklung beklagen wollte, wäre jedoch auf dem falschen Dampfer." (Z. 30 f.) – Begründung und Beispiel schließen sich in den beiden folgenden Sätzen an.

Aufgabe 139

Vorschlag für die Textwiedergabe:

Fehrenbach beginnt mit der Feststellung, es gäbe „nichts Vergänglicheres als die Jugend" (Z. 1). Sie verrausche „im Hui" (Z. 1 f.).

→ Textwiedergabe im Konjunktiv I mit eingestreuten Zitaten

Die „Anstrengungen" (Z. 2 f.), um sich die Jugend möglichst lange zu erhalten, sich zumindest jugendlich zu fühlen, nehmen daher immer mehr zu, so Fehrenbach.

→ Textwiedergabe im Indikativ, aber durch eine entsprechende Wendung – „so Fehrenbach" – als solche gekennzeichnet

Manche Menschen blieben „im Kopf jünger, manche nur in den Beinen" (Z. 5 f.). Schließlich tue freilich jeder, was er könne, um nicht als alt zu erscheinen.

→ Textwiedergabe im Konjunktiv I; die Personalform „blieben" ist als Konjunktiv II eine Ersatzform für den sonst nicht erkennbaren Konjunktiv I.

Aufgabe 140

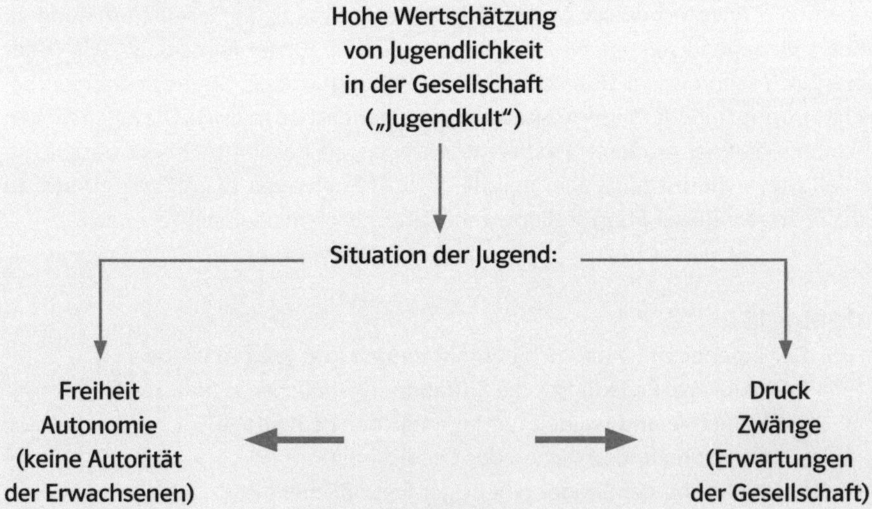

Aufgabe 141

a)

- Problematik: Einstieg in den Konsum von legalen, sogenannten Alltagsdrogen (Nikotin, Alkohol)
- Adressaten: alle am Prozess Beteiligten (Eltern, Gleichaltrige bzw. Freunde, Betroffene selbst)
- Intention: Erschütterung der Gleichgültigkeit gegenüber diesem Prozess; Benennung möglicher Ursachen als Ausgangspunkt für die Verhinderung bzw. Eindämmung dieses Prozesses

b)

Erster Abschnitt: Beschreibung des Zugangs zum Zigarettenkonsum
Zweiter Abschnitt: Beschreibung des Zugangs zum Alkoholkonsum
Dritter Abschnitt: Ursachen für den Einstieg in den Konsum von Alltagsdrogen

c)

Die ersten beiden Abschnitte sind ironisch-überspitzt formuliert (vgl. drastische Bezeichnungen wie „geräucherter Säugling", Z. 2). Grau schreibt hier sehr plakativ („dicke Tabakschwaden", Z. 4) und verallgemeinernd (vgl. häufiger Gebrauch des Pronomens „man", Z. 8, 9, 10, 15). Er bedient sich der Umgangssprache („hart gebechert", Z. 14) und verwendet Alltagszitate (Z. 7, Z. 14 f.).
Der dritte Abschnitt ist insgesamt wesentlich sachlicher formuliert – vgl. etwa den ersten Satz (Konditionalgefüge mit klaren Bezügen, das nicht ein effektvolles Beispiel bringt, sondern einen allgemeinen Zusammenhang benennt bzw. unterstellt).

d)

Erster Abschnitt:
„der Versuch wird hoffnungslos, das Kinderzimmer gasdicht abzuschirmen" (Z. 5): Diese drastische Formulierung soll aufrütteln und zeigen, dass die wehrlosen Kinder von Anfang an keine andere Chance haben, sondern auf die entsprechende Schiene gesetzt werden.
Zweiter Abschnitt:
„haben sie ihm zwar die Auslage pornographischer Zeitschriften verboten, aber Bier gibt's kastenweise" (Z. 18 – 20): Durch diesen umgangssprachlich formulierten Vergleich wird die Doppelmoral der Gesellschaft angeprangert, die vermeintlich die guten Sitten bewahrt und Jugendliche vor der Pornographie beschützt, ihnen aber leichten Zugang zu Alltagsdrogen ermöglicht.
Dritter Abschnitt:
„Sind das wirkliche Freunde, die da prägen helfen? Oder sollte nicht jeder den anderen tun lassen, was er wirklich will?" (Z. 30 f.): Diese durch das Adjektiv „wirklich" verstärkten rhetorischen Fragen sollen dem Leser einen Lösungsansatz nahelegen.

Aufgabe 142

a) – Hast du den Gedankengang des Verfassers nachvollzogen? Hast du festgestellt, dass er zunächst einen vermeintlichen Widerspruch aufbaut (Z. 1–6 und Z. 7–8), um auf dieser Grundlage eine der „auffälligsten und wirksamsten Erscheinung unserer Tage" (Z. 8) genauer darzustellen und zu erläutern (v. a. den Zusammenhang von Freizeit und Langeweile)? Ist dir aufgefallen, dass sich gegen Ende des Textes die Erläuterung des Phänomens mit der Ursachenforschung vermischt (etwa ab Z. 19)?

– Hast du deutlich gemacht, dass Fritzen in diesem Textauszug mehr ein Problem entwickelt als einen Ausweg anzudeuten?

– Sind dir sprachliche Besonderheiten aufgefallen? Z. B:
  - viele kurze, prägnante Sätze, die mit dem Begriff „Langeweile" beginnen;
  - kurze, auch unvollständige Sätze, die den Leser an die Gedankenführung binden sollen („Damit könnte das Thema erledigt sein", Z. 5 f.; „Ist es aber nicht", Z. 7; „Doch es ist umgekehrt", Z. 15);
  - auffällige, eindringliche, drastische Formulierungen („Machtvoll quillt sie auf", Z. 8 f.; „Verplombung leerer Zeit", Z. 17)
  - Relativierung vermeintlich positiver Effekte durch Anführungszeichen („Erfüllung", Z. 16; „Befriedigungen", Z. 31)

b) (klassische Erörterung):

– Bist du strukturiert vorgegangen? (Du kannst z. B. einzelne Aspekte aus dem Text aufgreifen, überprüfen und daran jeweils eigene Gedanken anschließen.)

– Hast du Erfahrungen aus deinem Lebensumfeld eingebracht, ohne diese zu verallgemeinern? Hast du insgesamt zwischen Thesen, Argumenten und Beispielen sauber unterschieden?

– Steht am Ende deiner Erörterung ein klares Ergebnis (nicht zu verwechseln mit Schwarzweißmalerei!), das nachvollziehbar aus deiner Erörterung hervorgeht?

– Hast du in einem angemessenen, sachlichen Stil geschrieben (keine Umgangssprache!)?

c) (anlassbezogene Erörterung):

– Hast du deutlich gemacht, warum dich das Thema interessiert und warum es auch für deine Leserinnen und Leser interessant sein sollte (z. B. durch Hinweise auf typische Situationen)?

– Hast du einen ansprechenden Einstieg gefunden?

– Hast du so formuliert, dass deine Leser/innen angeregt sind, deinem Gedankengang zu folgen (Leserführung)? Hast du insgesamt bewusst sprachliche Mittel eingesetzt?

– Hat dein Artikel einen klaren gedanklichen Aufbau? Führt dieser Aufbau dementsprechend konsequent zum Ergebnis deiner Überlegungen, zum Entwickeln von Lösungsansätzen?

– Gelingt es dir mit deinem Artikel, die Leser/innen zum Nachdenken anzuregen? Lässt du also auch Fragen offen, ohne eine eigene klare Position vermissen zu lassen?

Gedichte interpretieren

Aufgabe 143

Thema des Gedichts ist das offenbar endgültig nicht mehr mögliche Glück zweier Liebender. Dies wird in der ersten Strophe deutlich, die nicht nur das „geschiedene Glück“ (vgl. V. 5), sondern auch „Tod“ und „Ende“ anspricht. In der zweiten Strophe möchte das lyrische Ich sich „gemeinsam“ mit dem Geliebten von der Realität abkehren, die Augen verschließen (vgl. V. 6 und „Lügen“, V. 9), um sich dem rückwärts gewandten Traum vom Glück hinzugeben. Die dritte Strophe stellt nun diesem Glückszustand im Traum die dabei verdrängte leidvolle Wirklichkeit gegenüber (V. 14–15). Die vierte Strophe zeigt das Dilemma, dass das Träumen von der glücklichen Zeit nur zu noch größerem Leid durch das „grauenvolle Erwachen“ (vgl. V. 16–17) führt.

Aufgabe 144

Das Wortfeld „Weh – Tod – Ende – Trauer – Leid – Verzicht“ bekommt dadurch ein besonderes Gewicht, jeder Begriff wird für sich betont. Dieses Wortfeld steht für die zentrale, schmerzliche Erfahrung des lyrischen Ich, die durch die Träume nicht gelindert werden kann, sondern letztlich sogar noch stärker empfunden wird.

Aufgabe 145

Diese Information zur Biografie der Dichterin kann sowohl die Sprechsituation erklären als auch verständlich machen, wieso die leidvolle Erfahrung alles dominiert.

Aufgabe 146

Jeweils gleiche Markierung (z. B. gleiche Farbe) für „an einem Tag unter Null“, „rannte (weiter)“, „fiel“.

Aufgabe 147

Die Zeit- und Temperaturangabe „an einem Tag unter Null“ (V. 2, 7) gibt diesem Gedicht einen gewissen Rahmen, der durch die dargestellte Kälte auch atmosphärische Wirkung hat. Zudem lassen die jeweils anderen Verse der beiden Strophen (V. 1, 8) eine zeitliche Zuordnung, die auf die beiden Weltkriege hinweist, zu. Jenseits dieses Rahmens wird nur noch lapidar der Tod Pauls angesprochen, der als zwingende Konsequenz eines in den angedeuteten Rahmen eingepassten Lebens dargestellt scheint. Dieser Tod bedeutet ein jähes Ende des Rennens durch das Fallen, das hier jedoch gegenüber den vorherigen Strophen eine Bedeutungsverschiebung erfährt, sodass ein Weiterrennen (vgl. V. 4, 6) nicht mehr möglich ist. Wenn das Stolpern und Aufstehen vielleicht sogar als Lebensprinzip verstanden werden darf, zeigt sich hier der wahre tödliche Charakter des Krieges.

Aufgabe 148

1. Strophe	Geburt im Krieg (1. Weltkrieg)
2. Strophe	Vorschulzeit
3. Strophe	Schulzeit
4.Strophe	Wehrdienst/-übungen
5. Strophe	Soldat im Krieg (2. Weltkrieg)
6. Strophe	Tod

An dieser Struktur ist zu erkennen, dass die Sozialisation (Erziehung, Eingliederung in die Gesellschaft) unmittelbar in den Krieg und damit den Tod mündet. Das „Rennen" steht dabei möglicherweise auch für das viel zu kurze Leben.

Aufgabe 149

Sonett: Gedicht mit zwei Vierzeilern (Quartetten, zumeist mit umarmendem Reim) und zwei Dreizeilern (Terzetten, durch die Endreime miteinander verbunden).

Strophe	Aussagen über wen/was?	Welche Aussagen?
1	Stadt mit ihren Häusern und Straßen	qualvolle Enge, Unübersichtlichkeit
2	Menschen in der Stadt	Abgegrenztheit, Unbeweglichkeit, begrenzter Horizont, Sehnsüchte
3	lyrisches Ich, Individuum	bedrängende, belästigende Enge, Distanzlosigkeit
4	Verallgemeinerung („jeder", V. 14)	Einsamkeit, Kontaktlosigkeit

Aufgabe 150

Zu markieren sind: nah (V. 1), drängend (V. 2), dicht (V. 3), geschwollen (V. 4), dicht (V. 5), hineingehakt (V. 5), eng (V. 7), dünn (V. 9), stumm (V. 12), abgeschlossen (V. 12), unberührt (V. 13), ungeschaut (V. 13), fern (V. 14), alleine (V. 14). Die Adjektive, Adverbien und Partizipien der ersten drei Strophen bringen die bedrängende, belästigende Nähe und Enge, die mangelnde Distanz in der Stadt zum Ausdruck. Demgegenüber vermitteln die entsprechenden Wörter der vierten Strophe den Eindruck der Ferne voneinander, der Einsamkeit. Zusammengenommen könnte dies als Einsamkeit in der Masse gedeutet werden, eine Einsamkeit, die durch die vermeintliche Nähe so vieler anderer wohl als umso bedrückender empfunden wird.

Aufgabe 151

Im ersten Fall handelt es sich um eine Personifikation, im zweiten um eine Verdinglichung der Menschen. Gezeigt werden soll hier wohl die Gleichartigkeit, Parallelität von Menschen und ihrer gegenständlichen Umwelt – und damit die Leblosigkeit (in) der Stadt.

Aufgabe 152

Vergleich: die sprachlich zum Ausdruck gebrachte bildliche Umschreibung eines Sachverhaltes (hier ein Bild für die Beschaffenheit der „Wände"). Bei der Metapher wird ähnlich verfahren, jedoch auf das explizite Formulieren des Vergleichs verzichtet (z. B.: „Unsre Zimmer trennen Häute.")

Aufgabe 153

Kreuzreim (abab). Weitere übliche Reimschemata: Paarreim (aabb), umschließender oder umarmender Reim (abba), Schweifreim (aabccb).

Aufgabe 154

Der erste und dritte Vers jeder Strophe enden mit einer klingenden/weiblichen Kadenz (betonte – unbetonte Silbe), die beiden anderen mit einer stumpfen/männlichen Kadenz (betonte Silbe).

Aufgabe 155

Die Struktur von Reimen und Kadenzen unterstützt die Tatsache, dass die im Gedicht gemachten Aussagen bzw. geäußerten Gedanken oft von zwei Aspekten geprägt sind, die miteinander zusammenhängen. Die männliche Kadenz hat eine abschließende Wirkung, der Kreuzreim verbindet die erste Aussage jedoch mit der zweiten. Besonders auffällig ist dies in der zweiten Strophe, in der die beiden Teilsätze einen parallelen Vorgang für beide Segel(-boote) beschreiben.

Aufgabe 156

Auffällig ist der sehr weich klingende Konsonant „w" (wie, Winden, wölbt, bewegt, wird), der hier die harmonische Atmosphäre auch klanglich zum Ausdruck bringt.

Aufgabe 157

Die Verse 5/6 und 7/8 sind jeweils durch ein Enjambement verbunden und formulieren die Parallelität der (Gefühls-)Regungen. Diese Parallelität entsteht in der dritten Strophe schon innerhalb von jeweils zwei Versen (sozusagen im Zeilenstil).

Aufgabe 158

Anstatt eines gewöhnlichen Satzbaus mit einem durch eine Personalform gebildeten Prädikat (z. B.: „Zwei Segel schwellen sich zu ruhiger Flucht.") verwendet Meyer hier zwei Partizipialkonstruktionen mit Ausrufezeichen. Dies vermittelt einen statischen Eindruck, hier wird mit Nachdruck (vgl. Satzzeichen) ein Bild vorgestellt, das von großer Ruhe geprägt ist – und weniger von Aktion, wie es Personalformen der Verben suggerieren würden.

Aufgabe 159

In den Versen 9/10 liegt ein Parallelismus vor, der die harmonische Parallelität der Wünsche zum Ausdruck bringt:

„eins" – „hasten"

„andre" – „geht schnell"

In den Versen 11/12 liegt ein Chiasmus vor, d. h. eine Überkreuzstellung von Sinnverwandtem, die hier wohl mit ihrem abschließenden, einrahmenden Charakter das Zur-Ruhe-Kommen der beiden unterstützen soll:

„eins" – „rasten"

„ruht" – „Gesell"

Kurzprosa interpretieren

Aufgabe 160

Personale Erzählung: Es wird in der Er-Form aus der Sicht Achims erzählt. Dabei wird immer wieder auch die erlebte Rede eingesetzt (z. B. Z. 3 ff.).

Aufgabe 161

Zunächst wird Achims negative Selbstwahrnehmung deutlich, die sich auf seine äußere Erscheinung bezieht (Z. 13–14), aber auch schon mit den Gründen für seine Antriebslosigkeit verbunden wird (vgl. die zitierte Liedzeile, Z. 15–16). Im weiteren Verlauf der Geschichte versucht Achim, sich seinem Gesicht zärtlich zu nähern, spürt dann aber nur „Glätte und Kälte“ (Z. 22), begegnet sich also recht gefühllos (die „Kälte“ steht übrigens im Kontrast zur später empfundenen Wärme des Blutes, vgl. Z. 41). Im Vergleich mit der „aufgemalten Spiegelmaske“ erscheint ihm sein eigenes Gesicht schließlich nur wieder umso „farbloser“ und nichtssagender (Z. 37 f.).

Aufgabe 162

Die zu markierenden Bewegungen kannst du folgendermaßen einteilen:

1. keine Bewegung („vergraben“, „er starrte“, „nicht bewegen“, „verharrte er“),
2. kaum/wenig/langsame Bewegung („Achim schob sich“, „halbe Körperdrehung“, „Fingerdruck“, „er robbte“, „kniete sich davor“ usw.),
3. schnelle Bewegung („ließ seine Faust in die Spiegelscheibe krachen“).

Insgesamt wirkt Achim bewegungsarm, unmotiviert, lustlos; umso mehr sticht sein aggressiver Ausbruch heraus.

Aufgabe 163

Die metaphorische Beschreibung der Zimmerdecke gleitet immer mehr in eine metaphorische Beschreibung Achims über, was nicht zuletzt an der Formulierung „ungelebtes Leben“ (Z. 9) deutlich wird. Damit wird auch die Zimmerdecke zu einer Art „Spiegel“ für Achim.

Aufgabe 164

Du kannst mögliche Deutungsansätze entwickeln, wenn du den Ausbruch mit verschiedenen Signalen aus der Kurzgeschichte verbindest. So kann man zunächst davon ausgehen, dass Achim Aggressionen angestaut hat (z. B. aufgrund der Reaktionen seiner Eltern); die Aggressionen könnten aber durchaus auch gegen ihn selbst gerichtet sein und auf seiner negativen Selbstwahrnehmung beruhen. Genauso kannst du den Gedanken der zitierten Liedzeile heranziehen: Dann wäre der Ausbruch als eine Art Ausstieg zu interpretieren. Schließlich ist wohl nicht zu übersehen, dass (zuvor) fehlende Emotionalität eine Rolle spielt (vgl. den Gegensatz Wärme – Kälte) bzw. dass hier eine Art Selbstvergewisserung des Lebenswillens stattfindet (vgl. den „Lebenssaft" Blut im Gegensatz zum „ungelebten Leben").

Aufgabe 165

Mögliche Darstellung:

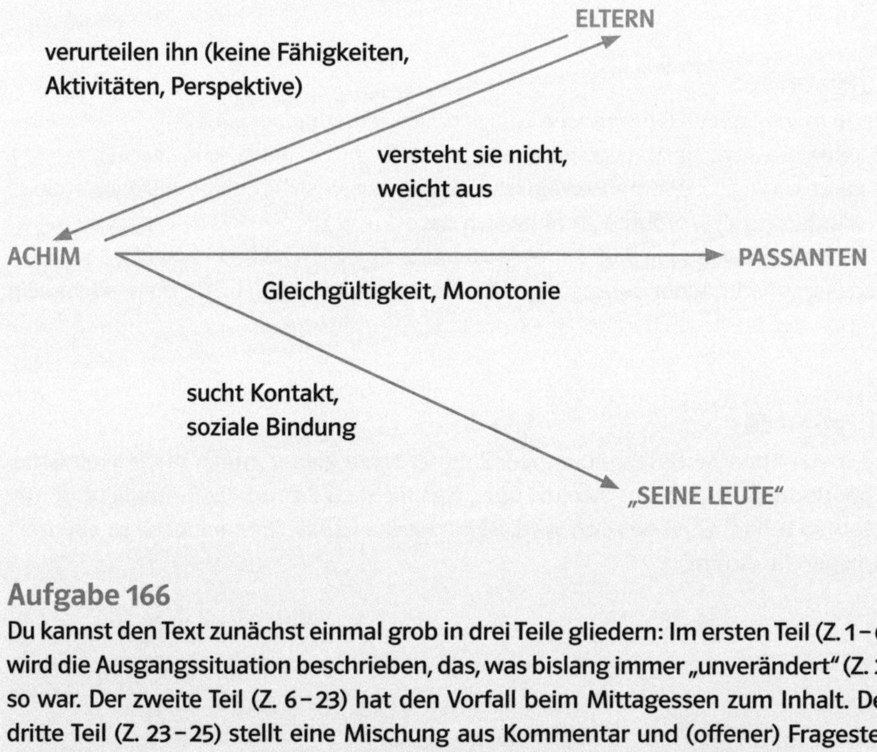

Aufgabe 166

Du kannst den Text zunächst einmal grob in drei Teile gliedern: Im ersten Teil (Z. 1 – 6) wird die Ausgangssituation beschrieben, das, was bislang immer „unverändert" (Z. 2) so war. Der zweite Teil (Z. 6 – 23) hat den Vorfall beim Mittagessen zum Inhalt. Der dritte Teil (Z. 23 – 25) stellt eine Mischung aus Kommentar und (offener) Fragestellung dar – nämlich ob „Gewöhnung" (Z. 25) das Leben sicher machen kann.

Nach einer solchen Grobgliederung kann es sinnvoll sein, dass du über eine etwas genauere Gliederung nachdenkst; in diesem Fall bietet sich noch eine Binnengliederung für den größeren Mittelteil an: Äußerung des Bauern (Z. 6 – 10) – Ausbruch, Aktion des Bauern (Z. 10 – 14) – Kettenreaktion als Konsequenz des Ausbruchs (Z. 14 – 23).

Aufgabe 167

Schon durch die Wahl der Verben wird das ungewohnt Explosive, fast schon Gewalttätige der Aktion des Bauern deutlich: aufspringen, werfen, umsäbeln, stampfen, donnern, schmettern. Dabei ist der in den letzten Jahren wohl ganz ruhige, alles ertragende Bauer nun ganz Aktion geworden, er selbst wird als Handelnder in den subjektlosen Formulierungen gar nicht erwähnt (statt „Er springt auf ..." nur „Springt auf ..." etc.). Im nachgestellten – und dadurch besonders betonten – Attribut „stiefelbeschwert" (bei dem es sich zudem um einen Neologismus handelt) wird ein zentrales Motiv für den Ausbruch veranschaulicht: die Last und Qual (der Arbeit, der Tradition, des immer gleichen, alten „Stiefels" usw.).

Ein zweites Motiv zeigt sich im sozusagen personifizierten „Trotz" (Z. 12), der durch das Attribut „geballt" die angestaute Wut (wie durch eine geballte Faust) zum Ausdruck bringt.

Aufgabe 168

Ein entsprechender Interpretationsansatz könnte folgendermaßen aussehen. Vergleiche ihn mit deinem:

Mit den letzten drei Sätzen der Erzählung wird die Ebene des konkret Erzählten verlassen. Ausgangspunkt bleibt freilich die Situation der Bauersfamilie (das „laue" Mittagessen, Z. 25); von dieser ausgehend wird die Lebensführung dieser Familie grundsätzlich in Frage gestellt („alles", Z. 24) – und schließlich weist vor allem der letzte Satz auf eine ganz allgemeine Fragestellung hin. Denn insgesamt geht es um die Grundsätze für eine zufriedenstellende Lebensführung: Geben denn nicht gewohnte Abläufe, wie sie die Arbeit, die Familie und den Alltag prägen, Sicherheit, auch wenn manches nicht ganz ideal, monoton oder in anderer Weise mit Makeln behaftet ist? Immerhin kann man ja auch in einem solchen Rahmen (mehr oder weniger bescheidene) Ziele verfolgen – z. B. das Sparen auf einen „Perserteppich" (Z. 22 f.) – ein solches Leben muss also nicht „umsonst" (Z. 24) sein. Auf der anderen Seite stellt sich die Frage, ob so ein „laues" Leben ohne Höhepunkte, ohne als sinnvoll empfundene Ziele, ohne das Ausleben von Emotionen Zufriedenheit bringt, bloß weil es gewissermaßen sicher ist. Kann ein solches Leben überhaupt ertragen werden – oder muss das „spackige Gebräu" (vgl. Z. 7) irgendwann einfach ausgespuckt werden? Da sich als Identifikationsfigur vor allem der Bauer anbietet, scheint die zweite Lesart eher nahezuliegen; dennoch bleibt der Schluss in gewisser Weise auch offen.

Aufgabe 169

Jeweils in einer Farbe zu markieren sind: **lag, ist, sagt, dringt, blockiert, bringt, macht** (Indikativ, Wirklichkeitsaussage); **halte, eingrabe** (Konjunktiv I, referierte Meinung); **hätte ... können, hätte ... getürmt** (Konjunktiv II, irreale Aussage).

Aufgabe 170

Der Text besteht ja eigentlich nur aus einer lapidaren (kurzen, einfachen) Feststellung (dass eben Schnee liegt) und referiert darauf verschiedene Reaktionsmöglichkeiten. Das Literarische an diesem Text, also das, was ihn zu einem Sprachkunstwerk macht, besteht damit fast ausschließlich in den bewusst eingesetzten Modi, die die verschiedenen Reaktionsmöglichkeiten in einem unterschiedlichen Licht erscheinen lassen – und uns damit zum Nachdenken bringen könnten, wie wir selbst entsprechende Situationen bewerten.

Aufgabe 171

Die Konjunktion „aber" (Z. 6) teilt den Text in zwei Teile. Im ersten Teil wird dargestellt, was der Schnee auslösen könnte bzw. was über den Schnee gedacht wird. Beide Aspekte sind durch den Modus Konjunktiv jedoch als nicht real gekennzeichnet; Freude, Schutz, Trost werden nicht tatsächlich erlebt, empfunden – allenfalls noch gedacht (vgl. Konjunktiv I). Im Indikativ sind demgegenüber die Unannehmlichkeiten oder gar Katastrophen des zweiten Teils (Z. 6–7) formuliert, sie repräsentieren also die tatsächliche Sichtweise und haben damit den Charakter einer „Erklärung" (vgl. Überschrift): So denken die/wir Menschen wirklich über den Schnee und seine Auswirkungen.

Aufgabe 172

Versucht man nun vom konkret Dargestellten zu abstrahieren, also nicht nur die Situation an einem bestimmten Morgen zu bedenken, könnte man den Schnee als ein exemplarisches Element der Natur betrachten und damit die Frage stellen, wie wir Menschen mit ganz einfachen natürlichen Vorgängen umgehen bzw. wie wir diese empfinden. Dann würde die mögliche Harmonie zwischen Mensch und Natur hier nur als irreale (Wunsch-)Vorstellung gekennzeichnet sein, während die eigentliche Sichtweise Disharmonie zwischen Mensch/Zivilisation und Natur bedeutet, wobei die Natur sozusagen als Störfaktor wirkt.

Aufgabe 173

Zwei Aspekte der räumlichen Gestaltung spielen eine Rolle: Weite/Enge und die Laufrichtung. Durch die Kombination der beiden Elemente ergibt sich ein zwangsläufiger Weg von der Weite zur Enge, der auch sein ultimatives, negatives (vgl. die „Falle") Ende finden wird (letztes Zimmer, Winkel). Dieser Weg könnte für den Lebensweg (nicht nur der Maus, es handelt sich ja um eine Parabel) stehen, aber z. B. auch für das Verfolgen eines (nicht zu erreichenden?) Zieles. Was dann der zynische Hinweis der Katze bedeuten könnte, müsste bei jeder Variante jeweils für sich genommen überlegt werden.

Aufgabe 174

mit jedem Tag (Z. 1): Klage über die sich unaufhaltsam verengende Welt
Zuerst (Z. 1): Angst aufgrund mangelnder Orientierungsmöglichkeiten
endlich (Z. 2): Erleichterung über Orientierungshilfen (Mauern)
schon (Z. 4): bedrängende Unausweichlichkeit des Endes (Falle)

Textstellen interpretieren

Aufgabe 175

Wesentliche Aspekte beim Vorgang der Ausgrenzung und Diskriminierung sind die fehlende Bereitschaft und der fehlende Mut, für die Wahrheit einzustehen, sowie das Aufrechterhalten oder Bestätigen von Feindbildern. Beide Aspekte spielen eine große Rolle, wenn Can und die Senora über ihre gemeinsame Vergangenheit und deren Folgen sprechen.

Aufgabe 176

Schon im expositorischen ersten Bild werden die Grundkonflikte des Stückes sichtbar: die Angst vor den Schwarzen; der Antisemitismus beim Bemühen Cans, für Andri eine Lehrstelle zu finden; die Gewaltproblematik im Gespräch zwischen Andri und dem Soldaten, die schon hier Andris Beziehung zu Barblin bedroht. Dabei zeigt sich nicht zuletzt auch die Hilflosigkeit Cans, der sich zwar gegen Vorurteile und Bildnisse zu wehren scheint, letztlich aber zum resignierenden Trinker geworden ist.
Der Wirt deutet in seinem Vordergrundauftritt nach dem ersten Bild die Vorgeschichte an: Andri wurde von Can scheinbar als Jude vor den Schwarzen gerettet. Tatsächlich stellt sich später aber heraus, dass er das gemeinsame Kind von ihm und der Senora ist – weswegen Can ihm auch die Heirat mit Barblin verweigert.
Als Andri seine Lehrstelle verloren hat und meint, von Barblin betrogen worden zu sein, begegnet er im achten Bild zum ersten Mal der Senora: Sie nimmt sich – ohne zu offenbaren, dass sie seine Mutter ist – seiner an, als er der Gewalt der Soldaten ausgeliefert ist, und lässt sich von ihm zu Can bringen.

Aufgabe 177

Lehrer	Beobachtungen	Interpretation
Gesprächs-anteile	– schweigt fast das ganze Gespräch über – macht nur einen kurzen, ungehaltenen Einwurf – hat das letzte Wort	– sprachlos, weil er mit seiner Lüge konfrontiert wird, für die es keine Entschuldigung gibt – fühlt sich in die Ecke gedrängt, provoziert, hat aber inhaltlich nichts entgegenzusetzen – als die Senora auf die Abkehr Andris anspielt, fasst er einen Entschluss, der jedoch in Zweifel (aus Feigheit, Resignation?) mündet
Gesprächs-führung	– ist eigentlich gar kein Dialogpartner (Schweigen, unge-haltener Einwurf) – scheint Abschluss fürs Gespräch zu finden (Vorhaben)	– will im Grunde das Gespräch verweigern – nach allem Vorgefallenen und dem zusätzlichen Auftauchen der Senora scheint der Lehrer zur Wahrheit bereit zu sein

Senora	Beobachtungen	Interpretation
Gesprächs-anteile	– bestreitet das Gespräch fast alleine – sagt am Schluss nichts mehr	– klagt Can an und hat auch gleich noch Erklärungen für sein Verhalten, ihr ist auch ohne sei-ne Antworten alles klar – kann Cans Zweifel auch nicht begründet zerstreuen (konnte ja auch selbst nicht zu Andri stehen)
Gesprächs-führung	– Mischung aus Fakten, Vorwürfen und Fragen – macht Pausen	– konfrontiert Can mit seinen Fehlern, möchte ihn provozieren und anklagen – vielleicht erwartet sie eine Reak-tion Cans; oftmals hat man aber eher den Eindruck, dass sie die Wirkung der dann selbst gegebenen Erklärungen verstärken will; zudem wird so Cans Sprachlosigkeit (= Erklärungsnot) deutlich

Aufgabe 178

Die Senora gibt folgende Gründe für die Lüge Cans an:

- Cans Hass auf die Senora (wegen ihrer Angst vor den Schwarzen)
- Cans Feigheit (Angst, den Andorranern die Wahrheit zu sagen)
- Cans Versuch, zu beweisen, dass Andorraner besser (toleranter) als die Schwarzen sind

Die Senora wiederholt das Motiv des Hasses im 9. Bild im Gespräch mit Andri. Eine gewisse Bestätigung erfährt dies durch die Mutter, die Can unterstellt, alle verraten zu haben (9. Bild). Can selbst spricht nirgends vom Hass auf die Senora.
Im zehnten Bild gesteht Can gegenüber Andri selbst seine Feigheit ein, seine Angst vor den Andorranern.
Im 10. Bild führt Can auch aus, dass es „damals" in Andorra leicht, ja sogar „rühmlich" gewesen sei, „ein Judenkind zu haben". Inzwischen freilich ist dies anders; Can hat resigniert, meint aber immer noch, die Andorraner zur Selbstreflexion, „dieses Volk vor seinen Spiegel" zwingen zu können (1. Bild) – er tut dies jedoch nicht bzw. viel zu spät.

Aufgabe 179

Die Vordergrundszenen folgen eigentlich alle dem gleichen Schema: Eine Person äußert sich im Nachhinein, also mit zeitlicher Distanz zu den Geschehnissen. Dies beginnt mit einem scheinbaren Fehlereingeständnis („Ich gebe zu ..."), mündet dann jedoch in ein unbeirrbares Festhalten an den Vorurteilen. Auch im Rückblick, aus der Distanz können die Personen sich ihrer Verantwortung nicht stellen und verdrängen ihre Schuld. Eine Ausnahme stellt dabei nur der Pater dar, der in seiner Vordergrundszene zur Einsicht in die Zusammenhänge und insbesondere seine eigene Schuld gelangt.
Die vorliegende Vordergrundszene ist nun weder durch zeitliche Distanz noch durch einen Monolog gekennzeichnet. Dennoch erfüllt sie den Zweck – wie die anderen – dem Zuschauer eine kritische Distanz zu den Vorgängen zu ermöglichen und ist damit ein Element des epischen Theaters. Denn wir bekommen Einblick in das Zustandekommen der Konstellation des Stückes und in das Nachdenken über das (Nicht-) Eintreten für die Wahrheit.

Aufgabe 180

Bei deinen Ausführungen zu einer solchen Arbeitsanweisung solltest du unbedingt klar strukturiert vorgehen und auf keinen Fall nur die betreffenden Teile der Handlung nacherzählen (es geht ja um die **Funktion** der Person!). Also wird es nötig sein, dass du dir – bevor du schreibst – Gedanken zu möglichen Aspekten machst. Im vorliegenden Fall wären z. B. folgende Aspekte denkbar:

- Die Senora wirkt handlungsauslösend bzw. treibt die Handlung voran (durch ihre vormalige Beziehung mit Can und als Mordopfer).
- Die Senora steht als Grenzgängerin (wie früher Can) dafür, dass man durch persönliche Begegnung Feindbilder und Ressentiments überwinden könnte – dass dies aber in einer Gesellschaft, die von Vorurteilen und Gewaltbereitschaft ge-

prägt ist (wie die andorranische und die der Schwarzen), nicht möglich ist.

- Die Senora wirkt auf die (männlichen) Andorraner fremdartig, aber attraktiv; sie ist ein Objekt von deren irrationaler Xenophobie (Fremdenfeindlichkeit).
- Die Senora gibt Einblicke in die gemeinsame Zeit mit Can und damit in Cans innere Konflikte.

Diese Aspekte müsstest du natürlich noch entsprechend ausformulieren und in eine sinnvolle Reihenfolge bringen. **Als erster Aspekt** würde sich etwa die Bedeutung der Senora für die Handlung des Stückes anbieten; man könnte von der vorliegenden Textstelle ausgehen, die Andeutungen bezüglich der Vorgeschichte aufnehmen und auf die Vorfälle im neunten Bild hinweisen. Genauso könntest du mit dem **zuletzt aufgelisteten Aspekt** (Cans innere Konflikte) **beginnen**, der in der vorliegenden Vordergrundszene ja direkt thematisiert wird und von dir bereits herausgearbeitet sein müsste (wenn du den gesamten Aufsatz geschrieben hättest).

Aufgabe 181

Claire hat sich nach ihrer Hochzeit (vgl. ihre Kleidung) an einen ihrer **ehemaligen Liebesorte** („Petersche Scheune") zurückgezogen. Die Ehemänner sind austauschbar, die Ehemänner werden sozusagen an Stelle von Ill, der sie so sehr verletzt hat, gedemütigt. Claire sitzt **„unbeweglich"** da, was auch ihre innere Haltung bezüglich ihres Angebotes verdeutlicht und das Vorhaben des Lehrers und des Arztes von vornherein als aussichtslos erscheinen lässt. Daher kann sie die beiden **gelassen** „durch ihr Lorgnon" betrachten.

Lehrer und Arzt sind stark **verunsichert**, können sich nur **schlecht orientieren** („tappen sich durchs Dunkel"), fühlen sich nicht wohl (vgl. „Schweiß"). Sie sind zwar gut, solide, elegant gekleidet, weil sie sich im Vorgriff auf die Milliarde von Claire bereits einiges geleistet haben, müssen sich jedoch den Staub abwischen – der zur Erinnerung an die alte Geschichte zwischen Claire und Ill passt, vielleicht aber auch dafür steht, dass sich die Güllener bereits schmutzig (= **schuldig?**) gemacht haben.

Aufgabe 182

Durch das Betrachten der beiden Ankömmlinge nimmt Claire Tempo aus dem Gespräch, das die beiden fast übereifrig mit einer gemeinsam gesprochenen Anrede begonnen haben. Dass sie sich gleich den Staub abwischen, steht für die Machtverhältnisse: **Claire diktiert, was passiert.** Der Arzt bleibt stehen, da es für ihn keinen Platz gibt, er aber auch eher eine Nebenrolle spielt; der **entscheidende Dialogpartner** wird der **Lehrer** sein, der zwar auf Claires Sichtweise einzugehen versucht, die Scheune als „besinnlichen Ort" bezeichnet, dessen Schweißausbrüche aber als ironischer Kommentar zu verstehen sind: Er empfindet die Situation als bedrängend, sicher nicht als „besinnlich".

Kurzprosa gestaltend interpretieren

Aufgabe 183

Bei der Schlacht am Isonzo handelt es sich um eine historische Schlacht im Alpenraum in den Jahren des ersten Weltkriegs (1914–1918). Dies kannst du aber nicht wissen, da es keinen konkreten Hinweis auf ein bestimmtes Datum gibt. Die Erwähnung von Pferden (Z. 4) und der Gestalt, die „trommelnd und singend und mit kühn verschobenem Helm aufs Schlachtfeld lief" (Z. 15 f.), deuten eher auf einen vormodernen Krieg hin. Auf der anderen Seite weisen die „Tanks" (Z. 4), einem anderen Wort für „Panzer", auf einen mechanisierten, mit Maschinen betriebenen Krieg des 20. Jahrhunderts hin. Ein Datum zwischen 1880 und 1920 wäre daher ideal.

Aufgabe 184

Der Maler ist offenbar ein einfacher Soldat, der General ist einer seiner Vorgesetzten. Er wird den General im Brief sicherlich mit „Sie" anreden und in einem höflichen, ehrerbietigen Stil schreiben.

Aufgabe 185

Unterschiedliche Wahrnehmungen des Krieges:

Maler	General
– Sterbende, denen die Gedärme aus dem Leib quellen (Z. 3–4) – Leichen, die nur noch aus blutigem Brei bestehen (Z. 4–5) – Soldaten in besudelten Uniformen, angstverzerrte Gesichter (Z. 6–7) – Offiziere außerhalb des Gefahrenbereiches, die Weiber schwängern, trinken und spielen (Z. 7–9)	– (heldenhafte) Gestalt, die trommelnd, singend, mit kühn verschobenem Helm auf das Schlachtfeld läuft (Z. 15–16)

Aufgabe 186

Vielleicht möchte der Maler dem General den Blick dafür öffnen, dass er ein völlig falsches Bild vom Krieg hat und die Grausamkeit nicht wahrhaben will.

Aufgabe 187

So könnte der Brief möglicherweise aussehen:

Brixen, 3. Februar 1920

Verehrter General,
erlauben Sie mir, einem einfachen Soldaten und Maler, Ihnen einige Zeilen zu schicken. Sie haben vor einigen Wochen ein Bild von mir gekauft, genauer gesagt nur einen Teil eines Bildes, in dem ich versucht hatte, die schrecklichen Geschehnisse der Schlacht am Isonzo auf die Leinwand zu bringen. Dies hat mich viele Tage beschäftigt. Ich selber bin in der Schlacht gewesen, habe die Freunde neben mir sterben sehen, habe mit ansehen müssen, wie ihre Gedärme aus den aufgerissenen Leibern quollen und wie von ihren Leichen nur noch Brei übrig geblieben war, nachdem Pferde und Tanks über sie hinweggegangen waren. Ich werde diese Bilder niemals vergessen können.
Auch wenn es Sie schmerzen mag, darf ich nicht verschweigen, dass Sie diese Grausamkeiten nicht wahrgenommen haben, da Sie und die anderen Offiziere damit beschäftigt waren, Weiber zu schwängern, Kognak zu saufen und um Geld zu spielen. Für Sie ist der Krieg eine heldenhafte Angelegenheit: Sie wollen nur die tapferen Gestalten sehen, die singend und trommelnd aufs Schlachtfeld laufen. Einen solchen Ausschnitt haben Sie aus meinem Gesamtbild herausschneiden und sich einrahmen lassen, um Ihr Bild von der Schlacht in Erinnerung zu behalten bzw. der Nachwelt zu überliefern.
Mit Verlaub, dieses Bild entspricht nicht der Wahrheit. Sie dürfen das Leid der einfachen Soldaten nicht einfach ausblenden und vergessen.

Aufgabe 188

Um die Achtung vor dem General auszudrücken, könnte man als Grußformel „hochachtungsvoll“ oder „untertänigst“ verwenden, z.B.:

Hochachtungsvoll
Franz Maierhofer, Maler

Aufgabe 189

Reaktionen und Gefühle des Mannes in blauer Schrift, Reaktionen und Gefühle der Frau in fett gedruckter Schrift:

Sie umarmen sich, und alles ist wieder gut. Das Wort ENDE flimmert über ihrem Kuss. Das Kino ist aus. Zornig schiebt er sich zum Ausgang, sein Weib **bleibt im Gedränge hilflos stecken**, weit hinter ihm. Er tritt auf die Straße und bleibt nicht stehen, er geht, ohne zu warten, er geht voll Zorn, und die Nacht ist dunkel. **Atemlos, mit kleinen, verzweifelten Schritten holt sie ihn ein, holt ihn schließlich ein und keucht zum Erbarmen.** Eine Schande, sagt er im Gehen, eine Affenschande, wie du geheult hast. Sie keucht. Mich nimmt nur wunder warum, sagt er. **Sie keucht.** Ich hasse diese Heulerei, sagt er, ich hasse das. Sie keucht noch immer. Schweigend geht er und voll Wut, so eine Gans, denkt er, so eine blöde, blöde Gans, und wie sie keucht in ihrem Fett. **Ich kann doch nichts dafür, sagt sie endlich, ich kann doch wirklich nichts dafür, es war so schön, und wenn es schön ist, muss ich einfach heulen.** Schön, sagt er, dieser Mist, dieses Liebesgewinsel, das nennst du also schön, dir ist ja wirklich nicht zu helfen. **Sie schweigt und geht und keucht und denkt, was für ein Klotz von Mann, was für ein Klotz.**

Aufgabe 190

Es bleibt unklar, um was für einen Film es sich genau handelt. Das romantische Ende deutet aber eher auf einen Liebesfilm oder einen Film über Beziehungsprobleme (vgl. Z. 1 alles ist wieder gut) hin. Einem Klischee entsprechend sind Frauen empfänglicher für solche Filme, sodass es wahrscheinlicher ist, dass sie den Vorschlag für den Kinobesuch gemacht hat. Möglicherweise ist der Mann ohnehin mit Vorbehalten mitgekommen.

Aufgabe 191

Das Verhältnis der beiden ist gestört, ihre Beziehung brüchig. Ohne Grund lässt der Mann die Frau im Kino zurück (Z. 2–5) und wartet nicht auf sie. Unberechtigterweise ist er voller Zorn über ihre emotionale Reaktion. Er sagt, er „hasse die Heulerei“ (Z. 8), möglicherweise, weil er dieses Verhalten auch aus Auseinandersetzungen in ihrer eigenen Beziehung kennt. Dies könnte eine Erklärung dafür sein, dass er ihre Tränen als „Affenschande“ und die Frau selbst innerlich als „blöde Gans“ (Z. 10) bezeichnet. Wie schwer geschädigt das Verhältnis ist, zeigt auch seine Bemerkung, dass ihr „nicht zu helfen“ (Z. 14) sei.

Die Frau hingegen geht nicht offensiv mit ihren Emotionen um, sie wirkt hilflos (Z. 3). Sie stellt den Mann nicht zur Rede, dass er ihr einfach davonrennt, sondern sie rennt ihm hinterher. Ihre Schritte sind klein und verzweifelt (Z. 5), sie selbst ist „atemlos“ und keucht. (Z. 5–6). Sie hat das Gefühl, sich rechtfertigen zu müssen. Deshalb sagt sie, dass sie nichts dafür könne, da es so schön gewesen sei (Z. 11–12). Als der Mann ihr vorwirft, ihr sei nicht zu helfen, wenn sie bei so einem „Liebesgewinsel“ (Z. 13) weinen müsse, gibt sie auf und beklagt sich – ohne es auszusprechen – dass er ein gefühlloser Klotz sei (Z. 15). Beide können nicht mehr miteinander sprechen, sondern schweigen sich an.

Aufgabe 192

Für die Frau dürfte der Kinobesuch in einem Zusammenhang von Krisenmomenten in ihrer Beziehung stehen. Anders sind ihre Reaktionen nicht zu erklären. Die Frau wirkt deutlich emotionaler als ihr Mann, möglicherweise hätte sie sich gewünscht, dass sie sich – wie im Film – umarmen würden und alles wieder gut sei. Auch aus ihrem Verhalten – sie läuft ihm hinterher und entschuldigt sich – lässt sich schließen, dass ihr die Beziehung wichtig(er) ist, da sie dadurch versucht, die Situation zu retten. Die Frau weiß, dass ihr Mann kompromisslos und nicht zum Gespräch bereit ist. Möglicherweise kennt sie ähnliche Reaktionen ihres Mannes bereits.

Aufgabe 193

Es könnte sein, dass die Frau den Kinobesuch als Anlass nimmt, über ihre Beziehung zu sprechen.

Aufgabe 194

a) Satzreihen wechseln mit extrem kurzen Sätzen ab.
b) Gedanken und Äußerungen stehen im Indikativ ohne Anführungszeichen.

Aufgabe 195

So könnte der innere Monolog der Frau aussehen:

Was für ein Klotz von Mann! Ich kann doch wirklich nichts dafür, wenn es im Film so schön ist, muss ich einfach heulen. Dort haben sie sich am Ende umarmt und geküsst und alles war wieder gut. Und bei uns?

Ich hatte gedacht, wenn wir uns den Film anschauen, dass wir einen schönen Abend erleben, vielleicht noch essen gehen, so wie früher. Deshalb habe ich ihm auch den Vorschlag gemacht und extra einen Film ausgesucht, der ihn auch interessieren könnte.

Auch wenn ihm der Film nicht gefallen hat, muss er doch nicht gleich wegrennen. Was er wohl gedacht hat? Eine Schande ist es, wie du geheult hast, hat er gesagt. Ich hasse diese Heulerei. Das hat mich verletzt und zugleich wütend gemacht. Ich kann nichts dafür. Das habe ich auch gesagt. Wie so häufig habe ich mich auch noch entschuldigt, doch seine Antwort war nur, dir ist ja wirklich nicht zu helfen.

Wir sind einfach sehr verschieden, ihm ist es peinlich, Gefühle zu zeigen, manchmal kann er richtig kalt sein. Aber so sind Männer nun einmal.

Wie unsere Beziehung wohl weitergeht? Ich weiß nicht mehr, was ich tun soll. Dabei liebe ich ihn noch immer. Sollte ich ihn einfach einmal darauf ansprechen?

Aufgabe 196

a)

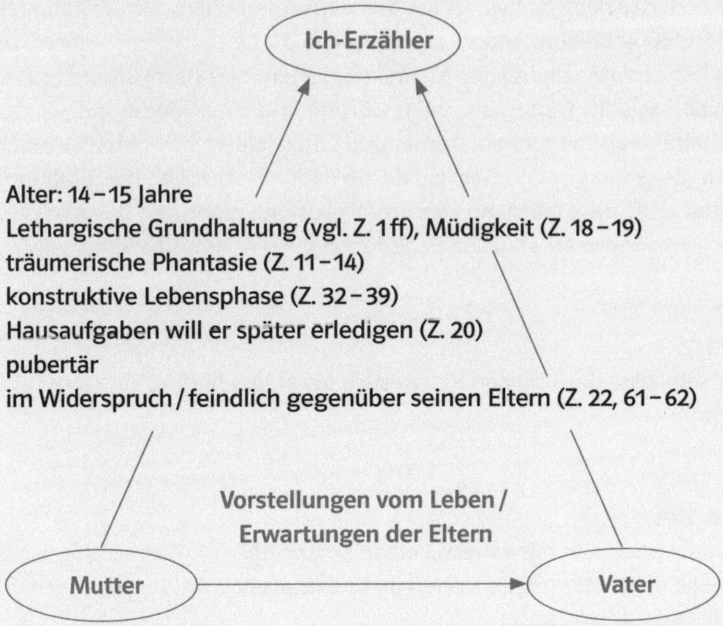

Du musst Hausaufgaben machen
Du musst büffeln, sonst gehst du zugrunde (Z. 24 – 27)
Ich dulde keinen Widerspruch (Z. 23)
Du darfst mir keine Schande machen, ich bin verantwortlich für dich (Z. 28 – 30)
Leben heißt arbeiten (Z. 30 – 31)

Du bist alt genug, um über die Zukunft nachzudenken (Z. 45 – 46)
Handelsschule und Eintritt ins väterliche Kontor (Z. 49 – 50)
Zum Studieren fehlt dir die Ausdauer, du gehörst ins praktische Berufsleben (Z. 54 – 55)
Leben ist Ernst, Mühe, Verantwortung, kein Spaß (Z. 56 – 57, 59)

b)

Vorstellungen der Mutter:		mögliche Entgegnungen:
Du machst die Hausaufgaben jetzt.	→	Ich bin alt genug, um über den Zeitpunkt zu entscheiden.
Du musst büffeln und wieder büffeln.	→	Meine Noten sind gar nicht so schlecht. Ich bin selbst verantwortlich für mich.
Ich bin verantwortlich für dich, leide schlaflose Nächte.	→	Als ich Kind war, hast du die Verantwortung gehabt, nun muss ich selbst schauen, wo ich bleibe.
Leben heißt arbeiten.	→	Das weiß ich. Ich habe gesehen, wie ihr euch für mich abschuftet.

Vorstellungen des Vaters:		mögliche Entgegnungen:
Du gehst auf die Handelsschule und kommst in mein Kontor.	→	Ich möchte die Schule bis zum Ende absolvieren. Eigentlich möchte ich studieren, vielleicht Architektur. (vgl. seine Konstruktionen Z. 32 ff.)
Zum Studieren taugst du nicht, du gehörst ins praktische Berufsleben.	→	Du kennst mich gar nicht.
Das Leben ist kein Spaß, sondern Mühe, Ernst und Verantwortung.	→	Ich bin bereit, Verantwortung zu übernehmen.
Am Ende des Schuljahres ist Schluss mit den Träumereien.	→	Lass mir Zeit, erwachsen zu werden.

c)

Die Körpersprache der Eltern ist gewalttätig, zielt auf Gehorsam und duldet keinen Widerspruch.
Die Mutter beherrscht den Raum mit ihrer Allmacht (Z. 17). Sie hebt die Faust, wie ein Wappenschild (Z. 22–23). Dicht tritt sie an den Erzähler heran, ihre Worte fallen wie Steine (Z. 24). Zuletzt zieht sie ihn zum Schreibtisch (Z. 27).
Der Vater schlägt mit der flachen Hand auf den Tisch (Z. 63).

d)

Der Erzähler verwendet lange Sätze, häufig Satzreihen.

e)

Direkte Rede wird von ihm ohne Anführungszeichen eingesetzt.

f)

So könnte ein Tagebucheintrag des Ich-Erzählers aussehen:

26. November

Liebes Tagebuch,

wieder einmal habe ich es nicht geschafft, meiner Mutter zu widersprechen. Ich schäme mich dafür vor mir selbst, dass ich es in meiner Lethargie einfach nicht hinkriege. Sie macht es einem aber auch wirklich nicht leicht. Warum muss sie ihre Faust wie zu einem Wappenschild erheben oder mich gewaltsam zum Schreibtisch ziehen. Ich habe es satt, ihre ewigen Vorwürfe und kritischen Fragen zu hören, ob ich schon meine Hausaufgaben gemacht habe. Ich bin doch alt genug, selbst zu entscheiden, wann ich sie erledige, doch jedes Mal, wenn ich davon anfange, brummelt sie etwas davon, ich dulde keinen Widerspruch. In ihrer Allmacht, mit der sie den Raum beherrscht, fallen ihre Worte wie Steine auf mich und ich weiß nichts zu sagen. Dabei hätte ich auf ihre Forderung, du musst büffeln und wieder büffeln, entgegnen können, dass meine Noten gar nicht so schlecht sind. Zugegebenermaßen bin ich nicht sehr gut, doch aus mir wird schon etwas werden. Meine Mutter wird nicht müde mir zu sagen, du darfst mir keine Schande machen, sie fühle sich verantwortlich. Dabei bin ich doch selbst verantwortlich für mich und mein Leben. Als ich noch ein Kind war, hat sie allein die Verantwortung gehabt, doch nun muss ich mein Leben selbst in die Hand nehmen. Ich kann ihre Worte nicht mehr hören, leben heißt arbeiten, arbeiten und arbeiten und immer wieder arbeiten. Wie oft hat sie mir das schon gepredigt. Hätte ich doch nur den Mut, ihr zu sagen, dass ich sehe, wie sehr sie sich abgeschuftet haben, dass es mir gut geht. Könnte ich ihr doch nur zeigen, wie sehr ich ihr für ihre Mühe danke.

Ganzschriften gestaltend interpretieren

Aufgabe 197

„Der Prozess gegen Güllen" – Juristische Klärung I

Claire Zachanassian möchte sich Gerechtigkeit kaufen. Sie verspricht den Bewohnern und der Stadt Güllen die Summe von einer Milliarde und verlangt dafür den Tod von Alfred Ill, der sie ins Unglück gestoßen hat. Juristisch gesehen ist dies Anstiftung zum Mord.

Der Bürgermeister bringt zusammen mit den anderen Ill um. Dabei ist es nebensächlich, wer den Tod tatsächlich verursacht. Die Anklage müsste auf Mord lauten.

Aufgabe 198

„Der Prozess gegen Güllen" – Juristische Klärung II

Nachzuweisen ist auf jeden Fall das öffentliche Angebot Claires. Vorwerfen kann man ihr auch, dass sie Güllen absichtlich in den Ruin getrieben hat (Vorspann). Dadurch kommen die Bewohner erst in die Verlegenheit, auf das Angebot eingehen zu müssen.

Der Bürgermeister plant nachweislich mit dem Geld, das durch Ills Tod an die Stadt fließt, ein neues Stadthaus zu bauen. Darüber hinaus täuscht er mit seiner Rede bei der todbringenden Versammlung absichtlich die Öffentlichkeit, indem er von einer Stiftung im Sinne der Gerechtigkeit spricht und den Grund für Ills Sterben mit „Tod aus Freude" bekannt gibt.

Aufgabe 199

a) Notwendig wäre in jedem Fall ein Gerichtssaal, in dem es eine Richterbank (vielleicht im Hintergrund mit Justitia, dem Symbol für Gerechtigkeit), einen Zeugenstuhl sowie zwei Tische und Stühle für den Staatsanwalt und den Verteidiger gibt. Ferner könnten angemessene Sitzgelegenheiten für Zeugen oder Angeklagte, die schon vernommen worden sind, an einer Stelle postiert werden. Zuschauer im Gerichtssaal wären sicherlich nicht sinnvoll, da die Bühne dann zu voll wird. Vielleicht könnte der Eindruck erweckt werden, dass die tatsächlichen Zuschauer Teil des Theaterspiels sind, z. B. durch Verlängerung der Kulissen in den Zuschauerraum.

b) *Liste der Figuren*
Richter, Staatsanwalt, Verteidiger, Claire Zachanassian, Bürgermeister, eventuell weitere Zeugen.

c) Zuerst müsste der Staatsanwalt die Machenschaften von Claire Zachanassian aufdecken, da sie die Grundlage für das weitere Verfahren sind. Als Zeugin für die allgemeine Erwartung, dass Ill sterben werde, könnte Frau Ill geladen werden, die bestätigen könnte, dass alle in ihrem Laden haben anschreiben lassen. Der Plan des Stadthauses wäre ein wichtiges Beweismittel für die Verwicklung des Bürgermeisters. Das Ziel, auf das der Staatsanwalt hinarbeitet, ist ein Geständnis der Angeklagten.

d) Der Verteidiger müsste versuchen, das Unrecht, das Claire Zachanassian widerfahren ist, hervorzuheben. Dadurch betont er ihr „berechtigtes“ Anliegen nach Wiedergutmachung. Im Fall des Bürgermeisters müsste er alles abstreiten bzw. stur betonen, dass dessen „Schuld“ nicht nachweisbar sei.

e) Beide müssten schuldig gesprochen werden. Claire Zachanassian könnte mit einer hohen Freiheitsstrafe davonkommen. Der Bürgermeister müsste härter bestraft werden, auch wenn sie die Urheberin der ganzen Angelegenheit ist. Auf Mord steht normalerweise lebenslänglicher Freiheitsentzug.

Aufgabe 200

Die Szene der Gerichtsverhandlung könnte folgendermaßen stattfinden:
Gerichtssaal mit dunkler Holzvertäfelung, links Richterbank, in der Mitte der Zeugenstuhl, rechts vorne und hinten Verteidigung bzw. Staatsanwaltschaft.

RICHTER: *(höflich)* Nehmen Sie Platz, Frau Zachanassian.

CLAIRE: Danke.

STAATSANWALT: Frau Zachanassian, Sie werden beschuldigt, zum Mord an Alfred Ill angestiftet zu haben. Ist es richtig, dass Sie der Stadt Güllen 500 Millionen und ihren Bewohnern weitere 500 Millionen geboten haben, wenn jemand Ill umbringt?

CLAIRE: *(herablassend)* Das ist richtig.

STAATSANWALT: Ist es ferner zutreffend, dass Sie die zuvor wohlhabende Stadt systematisch zugrunde gerichtet haben, um sie für dieses unmoralische Angebot empfänglich zu machen.

CLAIRE: *(ohne eine Miene zu verziehen, kühl)* Auch das ist richtig, Herr Staatsanwalt.

STAATSANWALT: Ich mag es kaum glauben, dass jemand so kaltblütig sein kann.

CLAIRE: Ich wollte mir die Gerechtigkeit kaufen.

STAATSANWALT: *(verwundert)* Man kann die Gerechtigkeit nicht kaufen.

CLAIRE: Man kann alles kaufen.

Pause

VERTEIDIGER: Könnten Sie uns das erläutern, Frau Zachanassian, was Sie damit meinen, Sie wollten sich Gerechtigkeit kaufen?

CLAIRE: *(erbittert)* Vor 50 Jahren hat Ill in einem Vaterschaftsprozess in diesem Gerichtssaal Zeugen bestochen, die aussagten, dass sie mit mir geschlafen hätten. So musste die Klage, die ich gegen ihn angestrengt hatte, abgewiesen werden. Das Urteil machte mich zur Hure und Güllen verstieß mich. Nun wollte ich dafür Gerechtigkeit erfahren.

VERTEIDIGER: *(zufrieden)* Ich danke Ihnen.

STAATSANWALT: Es bleibt dennoch ein Verbrechen, andere zum Mord anzustiften. Ich fordere eine Freiheitsstrafe von 15 Jahren.

Pause

STAATSANWALT: Nachdem nun hinreichend geklärt ist, wie die Ereignisse ins Rollen gekommen sind, möchte ich den Bürgermeister als Vertreter der Stadt verhören.

RICHTER: Bitten Sie den Bürgermeister herein!
(dieser tritt auf) Setzen Sie sich.

STAATSANWALT: Herr Bürgermeister, Sie als Vertreter der öffentlichen Ordnung, als Vorsteher des Gemeinwesens haben eine besondere Verantwortung für die Einhaltung der Gesetze. Können Sie zunächst bestätigen, dass Claire Zachanassian ein solch eindeutiges Angebot öffentlich gemacht hat?

BÜRGERMEISTER: Ja, das kann ich. Aber Gott sei dank leben wir ja in Mitteleuropa, wo man sich die Gerechtigkeit nicht einfach kaufen kann. Wir waren zunächst geschockt, haben ihr aber dann unmissverständlich klargemacht, dass sie mit uns nicht rechnen kann.

Claire bleibt unbewegt; Spot auf Claire

STAATSANWALT: Und doch haben alle damit gerechnet, dass es einer tun wird. Jeder soll sich verschuldet haben, um z.B. anschreiben zu lassen oder gelbe Schuhe zu kaufen.

BÜRGERMEISTER: Davon habe ich gehört. Es ist aber kein Verbrechen. Ich weiß nicht, worauf Sie hinauswollen.

STAATSANWALT: Ich will darauf hinaus, dass auch Sie in der Erwartung lebten, dass die Stadt Geld bekommen würde. Sie haben selbst eine Skizze für ein neues Stadthaus in Auftrag gegeben.

VERTEIDIGER: *(energisch)* Einspruch!

RICHTER: Abgelehnt!

BÜRGERMEISTER: *(unsicher)* Man wird ja noch planen dürfen.

STAATSANWALT: Sie selbst haben die entscheidende Sitzung geleitet, in der über Alfred Ills Tod abgestimmt wurde. Sie versuchten, die versammelte Weltöffentlichkeit zu täuschen, doch in Wahrheit haben Sie alle ihn umgebracht.

VERTEIDIGER: Einspruch! Das können Sie nicht beweisen.

RICHTER: Stattgegeben!

STAATSANWALT: Dann haben Sie uns noch vormachen wollen, dass es Tod aus Freude gewesen sei. Lügen, Lügen und nochmals Lügen. Muss ich erst den Arzt in den Zeugenstand rufen? Oder den Lehrer?

(erwartungsvolle Stille)

BÜRGERMEISTER: *(leise)* Nein. *(Pause)* Es ist so, wie Sie sagen. Ich gestehe es.

STAATSANWALT: Dann war es also Mord.

Licht aus

Aus dem Off (unsichtbar) Stimme des RICHTERS: Im Prozess „Das Volk gegen Claire Zachanassian und den Bürgermeister von Güllen" ergehen folgende Urteile: Claire Zachanassian wird wegen Anstiftung zum Mord zu 10 Jahren Freiheitsentzug und einer Geldstrafe von einer Milliarde verurteilt. Der Bürgermeister wird wegen gemeinschaftlichen Mordes zu lebenslänglichem Freiheitsentzug verurteilt.

Übersichten

Ü1 – Eine Erzählung schreiben

1. Wenn du Ideen für eine Geschichte gesammelt hast, musst du diese ordnen. Ein **Schreibplan** hilft dir dabei. Schreibpläne können ganz unterschiedlich gestaltet sein. Eine Möglichkeit besteht darin, eine Liste anzulegen. Gliedere sie nach Einleitung, Hauptteil und Schluss und notiere die einzelnen **Erzählschritte in Stichpunkten**, so behältst du die Übersicht über das, was du schreiben willst.

2. Entscheide, aus welcher **Sicht** du deine Geschichte erzählen willst. Du kannst eine Geschichte so erzählen, als wärst du selbst dabei gewesen (**Ich-Sicht**). Du kannst sie aber auch so schreiben, als hätte ein anderer sie erlebt oder als wärst du nur als Zuschauer dabei gewesen (**Er- oder Sie-Sicht**). Die unterschiedliche Sichtweise nennt man **Erzählperspektive**. Oft wird in der Aufgabenstellung auch vorgegeben, aus welcher Perspektive du erzählen sollst.

3. Du solltest deine Geschichte **spannend** gestalten. Benutze darum **Signalwörter** (z. B. plötzlich, geheimnisvoll, vorsichtig), mit denen du den Leser auf Stellen hinweist, an denen es spannend wird. Auch **Andeutungen** und **Vorausdeutungen** oder **Fragen** und **Ausrufe** machen eine Erzählung spannend. Am Höhepunkt kannst du Spannung erzeugen, indem du statt wie bisher im Präteritum nun plötzlich im Präsens schreibst (**szenisches Präsens**). Du lässt den Leser das Geschehen auf diese Weise miterleben, und man meint, direkt dabei zu sein. Schreibe immer im **Aktiv**. Passiv wirkt in einer Erzählung langweilig.

4. Vermeide Allerweltsverben (z. B. sagen, fragen, gehen) und nichtssagende Adjektive (z.B. schön, interessant, toll). Bemühe dich, Verben und Adjektive zu finden, die den Sachverhalt möglichst exakt beschreiben und ausführlicher darstellen. Um passende Verben und treffende Adjektive zu finden, kannst du in einem Wörterbuch oder im Thesaurus nachschauen.

5. Zu einer spannenden Geschichte gehört auch, dass der Leser von den Gefühlen der handelnden Personen (z. B. Angst, Hoffnung, Verzweiflung) erfährt. Nenne die **Gefühle** aber nicht nur, sondern stelle sie so **anschaulich** dar, dass der Leser sie **miterleben** kann.

6. Achte auch auf die **Satzgestaltung**: Bilde einfache, aber vollständige Sätze, wechsle den Satzbau ab, verwende Haupt- und Nebensätze, bilde aber keine Schachtelsätze. An Stellen, die wichtig sind, solltest du die Personen der Erzählung selbst sprechen lassen und die wörtliche Rede gebrauchen.

7. Finde zum Schluss eine **Überschrift** für deine Erzählung, die knapp und prägnant ist, sich auf den Höhepunkt der Erzählung bezieht, aber nicht zu viel verrät und den Leser neugierig macht.

Ü 2 – Verschiedene Formen des Erzählens

1. **Nacherzählung**: Bei der Nacherzählung solltest du die Handlung einer Geschichte oder eines Films möglichst genau wiedergeben. Beantworte darum die W-Fragen (Was ist passiert? Wer ist daran beteiligt? Wo, wann, wie genau, warum ist das Ereignis passiert?). Erzähle anschaulich und in der gleichen Reihenfolge wie im Original.

2. **Erlebniserzählung**: Du kannst in einer Geschichte etwas erzählen, was du selbst erlebt hast. Wenn du keine Geschichte weißt, kannst du dir aber auch eine ausdenken. Aber denke daran: Auch eine erfundene Erlebniserzählung muss glaubwürdig klingen. Das heißt, es dürfen keine Figuren vorkommen, die es unserer Welt nicht gibt (z B. sprechende Tiere).

3. **Fantasieerzählung**: Dagegen erzählst du in einer Fantasiegeschichte von etwas, was du nicht wirklich erlebt haben kannst und auch nie erleben könntest (z.B. von sprechenden Tieren oder Gegenständen, Elefanten, die Schach spielen). Achte aber darauf, dass deine Geschichte in sich stimmig ist.

4. **Reizwortgeschichte**: Meist werden drei Begriffe vorgegeben, die die Grundlage für die Handlung deiner Erzählung bilden. Achte darauf, dass diese Begriffe in deiner Erzählung **wörtlich** vorkommen.

5. **Weitererzählen** eines Erzählanfangs: Wenn dir ein Erzählanfang vorgegeben wird, den du weiterführen sollst, achte auf die Personen, die vorkommen: Sie müssen auch in deiner Erzählung eine Rolle spielen. Berücksichtige auch Andeutungen auf mögliche Probleme und führe diese zu einem spannenden Höhepunkt und einem passenden Schluss.

6. **Ausgestaltung eines Erzählkerns**: Ein Erzählkern gibt die Handlung in aller Kürze vor. Deine Aufgabe besteht darin, aus diesem Kern eine Erzählung zu schreiben. Sie muss alle Elemente enthalten, die für eine Erzählung wichtig sind: wörtliche Rede, innere Handlung, spannender Höhepunkt. Oft musst du auch den Personen Namen geben. Achte darauf, dass deine Erzählung in Einleitung, Hauptteil und Schluss gegliedert ist.

7. **Bildergeschichte**: In der Bildergeschichte ist die Handlung vorgegeben. Du solltest also **nichts Unnötiges hinzuerfinden** und dich an die Abfolge der Bilder halten. Es kommt darauf an, dass du die **Handlung der Bilder stimmig** der Einleitung, dem Hauptteil und dem Schluss **zuordnest**. Finde **passende Übergänge** zwischen den einzelnen Erzählschritten und gestalte den **Höhepunkt anschaulich** aus (wörtliche Rede, innere Handlung, passende Verben, treffende Adjektive). Achte darauf, dass du die vorgeschriebene **Erzählperspektive** (Ich-Sicht oder Er-/Sie-Sicht triffst). Formuliere am Schluss eine passende Überschrift für deine Erzählung.

Ü 3 – Berichten

1. Unterscheide, ob du einer **Privatperson** über ein persönliches Ereignis berichtest oder ob dein Bericht einer **Behörde** (z. B. Unfallbericht, Anfrage) zugehen oder in einer Zeitung erscheinen soll. Mitunter musst du auch die Ergebnisse von Gruppenarbeiten oder einer SMV-Versammlung in einem Bericht zusammenfassen.
2. Schreibe sämtliche für deinen Leserkreis wichtigen Angaben auf einen Notizblock. Überprüfe, ob du dabei alle **W-Fragen** (Was geschah wann, wo, wie und warum? Wer war daran beteiligt und welche Folgen ergaben sich?) beantwortet hast.
3. Stelle den Ablauf in der **richtigen Reihenfolge** dar, sodass der Sachverhalt unmissverständlich deutlich wird. Dabei hilft dir ein Schreibplan.
4. Fasse das Wesentliche in der **Einleitung** zusammen (Wann? Wo? Wer war beteiligt?). Der **Hauptteil** enthält den Hintergrund und den Ablauf des Geschehens (z. B. eines Unfalls), der **Schluss** das Ergebnis, die Folgen oder Auswirkungen.
5. Formuliere eine **passende Überschrift**.
6. Als Zeitstufe verwendest du das **Präteritum**; für **vorhergehende Ereignisse** benutzt du das **Plusquamperfekt**.
7. Achte auf eine **klare** und **knappe Sprache** und drücke keine persönliche Meinung aus. Verwende passende Verben und treffende Adjektive. Falls du eine wörtliche Aussage erwähnen möchtest, formulierst du sie indirekt.

Ü 4 – Protokoll

1. Notiere alle Angaben, die du für den **Protokollkopf** und für die Tagesordnung brauchen wirst (Thema, Datum, Ort, Beginn, Anwesende, Abwesende, Gesprächspunkte).
2. Verfolge aufmerksam die Beiträge der Gesprächsteilnehmer. Notiere aber nur die **Informationen**, die für ein **Ergebnisprotokoll** wichtig sind.
3. Prüfe am Ende, ob du die Beschlüsse richtig verstanden hast und beschaffe dir noch eventuell **fehlende Informationen.** Notiere, wann das **Treffen** offiziell **beendet** worden ist.
4. Wenn du den Text verfasst, achte auf **Vollständigkeit der Angaben**, auf Eindeutigkeit der Formulierungen und auf die richtige Zeitstufe (**Präsens**). Sorge auch für eine sprachlich richtige, übersichtliche und saubere Ausführung.
5. Denk daran, das **Protokoll** zu **unterschreiben** und dem Sitzungsleiter / der Sitzungsleiterin vorzulegen. Lass es von ihm / ihr ebenfalls unterschreiben.

Ü 5 – Gegenstandsbeschreibung

1. Du beginnst mit der **Bezeichnung des Gegenstands** und formulierst einen Gesamteindruck. Dabei werden zunächst die **wesentlichen Bestandteile** erwähnt und danach die **Einzelheiten.** Du kannst du Aufbau der Beschreibung auch anhand der Funktion der Einzelteile bestimmen. Sind viele gleichwertige Einzelteile zu nennen, gehst du am besten im Uhrzeigersinn vor.
2. Deine Beschreibung sollte genaue Angaben zu **Größe**, **Form**, **Material** und **Farbe** des Gegenstands enthalten.
3. Eine Gegenstandsbeschreibung schreibst du im **Präsens.**

Ü 6 – Tierbeschreibung

1. Gib zunächst an, um welches Tier, um welche **Gattung** es sich handelt.
2. Beschreibe dann die **Äußerlichkeiten** (Beschaffenheit von Fell oder Federn, Farbe).
3. Verwende **Fachbegriffe** (z. B. Rute für Schwanz des Hundes).
4. Beschreibe **Auffälligkeiten**, die das Verhalten betreffen.

Ü 7 – Personenbeschreibung und Charakteristik

1. Mache genaue Angaben zur **äußeren Erscheinung**, der Person. Formuliere zunächst allgemeine Angaben und gehe dann auf das Besondere ein.
   - Gib zunächst Geschlecht und ungefähres Alter an.
   - Dann folgt der Gesamteindruck: Größe; auffällige Merkmale, evtl. auch Hautfarbe, Narben, ungewöhnliche Nasenformen; Angaben zu Haar und Frisur.
   - Auch Sprache, Stimme und Körperhaltung tragen zu einer genauen Beschreibung bei.
   - Die weitere Beschreibung befasst sich mit einzelnen Körperteilen, wobei das Gesicht und hier vor allem die Augenpartie (Augenfarbe und -form, Ausdruck) von besonderer Bedeutung sind.
2. Mach dir klar, welchen **Zweck** dein Text erfüllen soll: Eine Vermisstenmeldung oder ein Steckbrief benötigt z. B. die Betonung auffallender Merkmale der Person, während die Beschreibung eines Freundes mehr das Gesamtbild des Menschen umfasst.
3. Bei einer **Charakteristik** musst du zunächst das äußere Erscheinungsbild der Person beschreiben. Danach gehst du auf ihr **Wesen** (Eigenschaften, Gewohnheiten, Vorlieben usw.) ein.
4. Du verwendest in deinem Text genaue Adjektive und treffende Verben und formulierst im **Präsens**.

Ü 8 – Bildbeschreibung

1. In der **Einleitung** informierst du über Maler, Titel und Entstehungszeit des Bildes, soweit dir diese Angaben bekannt sind. Außerdem gibst du an, um welche Art der Abbildung und der Maltechnik es sich handelt.

2. Im **Hauptteil** gehst du auf folgende Fragen ein:

   - Was ist das Thema des Bildes und was fällt besonders auf?
   - Was kann man in der Bildmitte, in den Randbereichen, im Vorder- und im Hintergrund erkennen?
   - Was lässt sich über die Farben und die künstlerischen Mittel sagen? Dabei kannst du mit dem Vordergrund beginnen und über die Bildmitte den Hintergrund beschreiben; du kannst jedoch auch die Bildbereiche von rechts nach links oder umgekehrt aufführen. Dies ist abhängig von der Komposition.

3. Im **Schluss** erwähnst du, wie das Bild auf dich wirkt oder welche Absicht der Künstler vermutlich hatte.

4. Die Bildbeschreibung wird im Präsens verfasst.

Ü 9 – Vorgangsbeschreibung

1. Eine Vorgangsbeschreibung wird im täglichen Leben sehr oft benötigt, wenn man Informationen über einen Ablauf vermitteln möchte. Dies kommt z. B. bei Gebrauchsanweisungen oder Spielbeschreibungen vor, aber auch bei Rezepten, Wegbeschreibungen oder Versuchsanleitungen.

   Mach dir zunächst auf einem **Notizzettel** die einzelnen Phasen oder Abschnitte des Ablaufs klar und bring sie in die **richtige Reihenfolge**.

2. Formuliere dann den Text im Präsens und in übersichtlichen und klaren Sätzen. Benutze Konjunktionen oder Adverbiale, die Aufschluss über zeitliche und örtliche Zusammenhänge oder Bedingungen geben. Fachwörter sind dann sinnvoll, wenn der Leser sie ohne Mühe verstehen kann.

Ü 10 – Briefe schreiben

1. Der Brief ist dreiteilig aufgebaut: Die **Einleitung** enthält die Grußformel und baut einen Kontakt zum Adressaten auf. Der **Hauptteil** enthält alle wichtigen Informationen, die in mehrere Abschnitte gegliedert sein können. Der **Schluss** dient der Verabschiedung; auch hier wird noch einmal der Kontakt zum Adressaten hergestellt.
2. Mit einem **persönlichen Brief** richtest du dich an jemanden, den du gut kennst. Du erzählst ihm, was dich bewegt, und sprichst ihn mit der persönlichen Anrede „du" an. Leite den persönlichen Brief mit einer passenden Anrede ein und beende ihn mit einem persönlichen, herzlichen Gruß.
3. Mit einem **sachlichen Brief** richtest du dich an jemanden, zu dem du kein persönliches Verhältnis hast. Du musst den Adressaten darum mit der höflichen Anrede „Sie" ansprechen. Schreibe immer sachbezogen und informiere den Adressaten über einen Vorgang oder über ein Ereignis, kläre eine Situation auf oder bitte ihn um etwas; auch Nachfragen kannst du in einem sachlichen Brief formulieren. Verwende eine förmliche Anrede und eine passende Grußformel.
4. Im sachlichen Brief wird nach der Anrede angegeben, worum es in dem Schreiben geht. Man nennt dies den **Betreff**.

Ü 11 – Argumentieren

1. In einer Argumentation wird zunächst eine **These** formuliert. Dies kann eine **Behauptung** oder auch eine **Forderung** sein, z. B.: Ein weihnachtlicher Aktionstag hat viele Vorteile. (Behauptung) Wir sollten einen Aktionstag veranstalten. (Forderung)
2. Eine solche These muss begründet werden, damit deutlich wird, wie es zu diesem Standpunkt kommt. Die **Begründung** kann mit den Konjunktionen *weil, denn* oder *da* angefügt werden oder sich einfach aus der Satzfolge ergeben: Ein weihnachtlicher Aktionstag ist sinnvoll, denn dadurch wird der Zusammenhalt der Schule gestärkt.
3. Untermauere die **These** und **Begründung** noch durch ein **Beispiel oder** einen **Beweis**, so gewinnt die Argumentation an Überzeugungskraft.
4. Falls deine Argumentation Teil einer Stellungnahme oder eines Leserbriefes ist, musst du darauf achten, dass Inhalt, Stil und Sprache zu dem betreffenden Leser oder Leserkreis passen.

Ü 12 – Einen Antrag formulieren

1. Unter einem Antrag versteht man ein Schreiben, in dem der Verfasser einer **Behörde** oder **Institution** gegenüber eine Absicht oder einen Wunsch äußert. Da einem Antrag stattgegeben werden kann, aber nicht muss, ist es ratsam, diesen Text nicht nur eindeutig und verständlich, sondern auch höflich zu formulieren.
2. Damit ein Antrag das gewünschte Ziel erreicht, sollte man eine Begründung hinzufügen. Dadurch kann der Empfänger leichter überzeugt werden.

Ü 13 – Intentionen von Sachtexten beachten

Wenn du eine Zeitung oder eine Zeitschrift aufschlägst, begegnest du einer großen Zahl von Texten, die sich in drei große Gruppen unterteilen lassen. Sie unterscheiden sich durch die **Absicht (Intention)**, die die Verfasser mit der Veröffentlichung ihrer Texte verbinden.

1. Die **darstellenden Texte** wollen dir sachliche, objektive Informationen liefern. Es handelt sich dabei z. B. um Berichte, Meldungen, Erläuterungen zu Diagrammen oder auch Beschreibungen von gesuchten Personen oder Gegenständen. Der Sachverhalt wird knapp, präzise und ohne persönliche Meinung dargestellt.
2. In **kommentierenden Texten** geben die Verfasser ihre Meinung zu einem bestimmten Thema bekannt. Sie bewerten ein Ereignis, drücken ihre Zustimmung oder ihre Ablehnung aus. Hier findet man auch Ironie, Fragen oder auch Gefühle. Beispiele dafür sind manche Leserbriefe und natürlich auch die Kommentare zu aktuellen Ereignissen.
3. **Appellierende Texte** dienen dazu, die Leser zu einer Handlung zu bewegen. In Werbetexten wird ein Produkt oder eine Dienstleistung so angepriesen, dass man sich davon angesprochen fühlen soll. Aufrufe wollen den Leser dazu anregen, Geld zu spenden oder eine bestimmte Partei zu wählen. Die sprachliche Gestaltung dient dazu, Aufmerksamkeit zu erwecken.

Ü 14 – Ein Schaubild erläutern

1. Viele Informationen lassen sich leichter in Form von Schaubildern (Diagrammen) übermitteln. Man unterscheidet folgende Diagrammarten:

   – Das **Kreisdiagramm** zeigt Anteile an einem Ganzen auf.

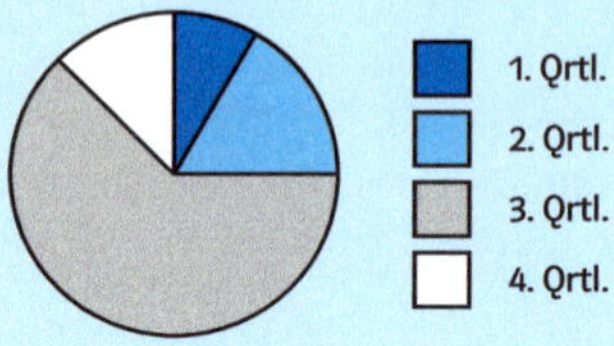

   – Das **Balkendiagramm** vergleicht unterschiedliche Größen. Wenn die Balken aufrecht stehen, spricht man von einem Säulendiagramm.

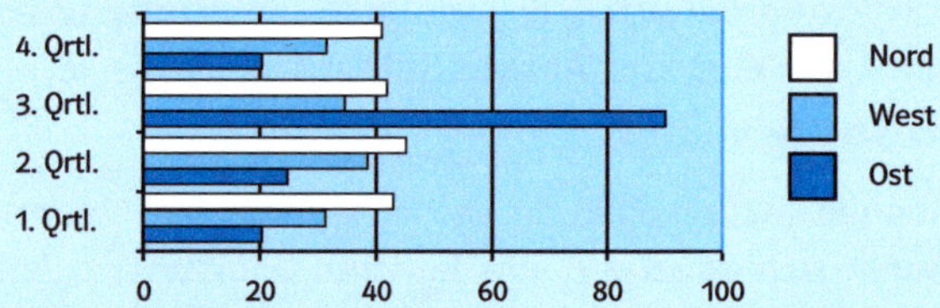

   – Das **Kurvendiagramm** gibt Entwicklungen an.

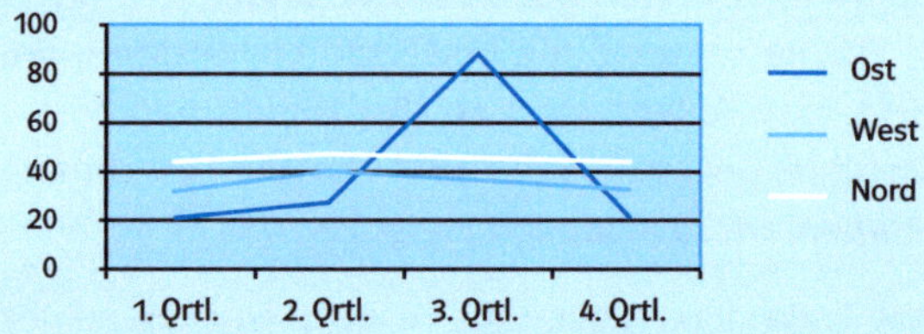

2. Um die Angaben eines Diagramms zu erläutern, gibst du **Art, Thema** und **Aufbau** der Abbildung an. Dann formulierst du die Angaben verständlich, eindeutig und zusammenhängend. Am Schluss fasst du die Aussage zusammen.

3. Da du dich mit Sachinformationen beschäftigst, sind auch deine Angaben und Antworten sachlich, knapp und genau.

Ü 15 – Einen Sachtext entschlüsseln

1. Fragen zu Sachinformationen kannst du am leichtesten beantworten, wenn du die betreffenden **Textstellen markierst** oder **stichpunktartig herausschreibst**. Dies gilt auch für Fragen zu der Aussage eines Textes; hier allerdings musst du die Textintention beachten, zwischen den Zeilen lesen und den Zweck stilistischer Merkmale wie Ironie oder rhetorische Fragen erkennen. Deine Antworten musst du **mit Textstellen belegen** können.

2. Um den Gesamtinhalt zu erfassen, ist es notwendig, zunächst die **Schlüsselbegriffe** zu erkennen. Unter Schlüsselbegriffen versteht man die Wörter oder Formulierungen, die die Sinnträger eines Absatzes oder eines Textteils sind.

3. Die Abfolge der Schlüsselbegriffe vermittelt dir Auskunft über das inhaltliche Grundgerüst eines Textes. Mit ihrer Hilfe kannst du **Zwischenüberschriften** und **Textzusammenfassungen** formulieren.

4. Zu einer Textzusammenfassung kommst du auch, indem du jeden einzelnen **Absatz zusammenfasst** und diese Einzelsätze später in einen sinnvollen Zusammenhang bringst.

Ü 16 – Eine Inhaltsangabe verfassen

1. In einer Inhaltsangabe wird ein literarischer Text oder ein Film knapp, sachlich und genau zusammengefasst.
   Du musst den Text vollständig verstanden haben, um mithilfe von **Markierungen, Randnotizen** oder einem **Stichwortzettel** das Wesentliche vom Unwesentlichen unterscheiden zu können. Das gelingt dir, wenn du den Text in einzelne Handlungsschritte unterteilst. Ein neuer Handlungsschritt ergibt sich dann, wenn eine neue Person auftritt oder das Geschehen eine neue Entwicklungsstufe erreicht.
2. In der **Einleitung** werden Titel, Verfasser, Textsorte sowie Hauptpersonen, Ort und Zeit des Geschehens genannt. Außerdem nennst du die grundlegende Thematik der Vorlage.
3. Im **Hauptteil** wird die Handlung so wiedergegeben, dass die Zusammenhänge mühelos verständlich sind. Geschickt eingesetzte Konjunktionen helfen, Ursachen und Folgen sowie die zeitliche Reihenfolge des Geschehens eindeutig zu vermitteln.
4. Der **Schluss** besteht aus einer knappen Bewertung des Textes.
5. Die Inhaltsangabe wird im Präsens geschrieben und enthält keine wörtliche Rede. Auch bei Ich-Erzählungen formuliert man sie in der dritten Person.

Ü 17 – Literarische Texte untersuchen

1. Im Gegensatz zu einer Inhaltsangabe sollst du in einer Textuntersuchung beweisen, dass du die Aussage des Textes verstanden hast und dies belegen kannst. Mithilfe von **Erschließungsfragen**, die sich auf das Thema, die handelnden Personen, die Grundstimmung oder auch auf den Aufbau eines Textes beziehen können, kommst du seiner Aussage auf die Spur.
2. Nachdem du die gestellten Fragen genau gelesen hast, unterstreichst du die Stellen im Text, die eine Antwort beinhalten oder schreibst dir **Stichworte** dazu heraus.
3. Eine weitergehende Textuntersuchung erwartet von dir **Grundkenntnisse** über die Gattungen **Epik**, **Dramatik** und **Lyrik** sowie deren verschiedene Erscheinungsformen (z. B. Kurzgeschichte, Hörspiel oder Ballade).
4. Formuliere deine Antworten zusammenhängend und sprachlich korrekt und belege sie mit **Zitaten** oder **Zeilenangaben** aus dem Text.

Ü 18 – Literarische Texte umwandeln und fortsetzen

1. Bei einer Aufgabe zur Textproduktion (Umwandlung von Texten) überlege zuerst, was die Figur wissen kann, aus deren **Perspektive** du die Geschichte neu schreiben sollst. Versetze dich auch in die Gefühlswelt hinein: Was denkt und fühlt sie? Was sagt sie? Warum denkt, fühlt und spricht sie so?
2. Wenn du eine Geschichte zu Ende erzählen sollst, muss dein Text zum Beginn passen. Behalte also die **Grundsituation des Textes** bei, auch die Figuren sollten unverändert bleiben. Wenn du sie aus einer anderen Perspektive wiedergeben sollst, musst du dich in die Rolle eines anderen Handlungsträgers versetzen.
3. Wenn du einen literarischen Text zu einem Sachtext (z. B. Bericht) umwandeln sollst, achtest du auf die Grundmerkmale des neuen Textes.

Ü 19 – Eine Textbeschreibung verfassen

1. Zu **Beginn** der Textbeschreibung nennst du Verfasser, Titel, Textart Thema und Entstehungszeit des Textes. Danach informierst du den Leser kurz über den Inhalt.
2. Im **Hauptteil** greifst du die Untersuchungsfrage auf und beantwortest sie gründlich, ausführlich und zusammenhängend. Dabei verwendest du auch Fachbegriffe.
3. Im **Schluss** fasst du deine Antwort zusammen oder äußerst deine eigene Meinung zu dem Text oder formulierst einen Deutungsvorschlag.

Ü 20 – Die freie Erörterung

Vorarbeiten

1. Du liest die Aufgabenstellung genau durch und überlegst, um welchen Typ von Erörterung (linear oder dialektisch; analytisch oder anlassbezogen) es sich handelt. In der 8. Klasse musst du meist nur lineare oder einsträngige Erörterungen schreiben.
2. Du fertigst eine ungeordnete Stoffsammlung an.
3. Bereite eine angemessene Struktur (z. B. durch eine Mindmap) vor. Achte dabei darauf, dass jede These durch mindestens ein Argument untermauert und möglichst durch aussagekräftige Beispiele belegt ist.
4. Gliedere nun deinen Aufsatz steigernd, sodass die wichtigsten Aspekte am Schluss stehen.
5. Falls du eine dialektische Erörterung schreiben sollst, musst du dich für ein durchgängiges Ordnungsprinzip entscheiden.

   Du kannst:

   a) in der ersten Hälfte alle Thesen aufführen, um sie im zweiten Teil durch Gegenthesen zu entkräften, oder

   b) du kannst aspektbezogen Thesen und Gegenthesen im Zusammenhang darstellen. Achte darauf, dass deine eigene Position immer der Meinung, die du entkräften möchtest, folgt.
6. Mach dir bei einer anlassbezogenen Erörterung klar, für welchen Adressaten du schreibst.

Schreiben

1. Verfasse eine Einleitung, die den Leser durch ein Beispiel, eine allgemeingültige Behauptung oder eine rhetorische Frage in das Thema und dein Vorhaben einführt.
2. Trenne innerhalb des Hauptteils die verschiedenen Aspekte deiner Argumentation durch Absätze voneinander.
3. Schreibe in einem sachlichen Ton im Präsens und verwende einen abwechslungsreichen Satzbau. Treffende Verben und Adjektive präzisieren deine Argumentation.
4. Deine Schlussfolgerung fasst die Argumentation noch einmal knapp zusammen und klärt deine eigene Position.

Ü 21 – Die textgebundene Erörterung

Vorarbeiten I

1. Lies den Text aufmerksam und formuliere in einem ersten Ansatz die Thematik sowie seine Hauptaussage(n).
2. Mach dir klar, was die erste Arbeitsanweisung zur Texterschließung von dir verlangt und bearbeite den Text dementsprechend (durch eine Gliederung, das Unterstreichen zentraler Begriffe etc.).
3. Überlege dir für die Textanalyse eine sinnvolle Gliederung.
4. Nenne in der Einleitung das Thema der Erörterung und stelle den Bezug zum Text her. Eventuell kannst du bereits auf die Erörterung im zweiten Teil deiner Arbeit verweisen.

Texterschließung

1. Gib den Gedankengang des Textes in eigenständigen Formulierungen, aber mit klarem Textbezug (Zitate etc.) wieder und wahre dabei sprachlich Distanz (z. B. durch die Verwendung des Konjunktivs I).
2. Dieser Teil deiner Arbeit enthält sich jeglicher Wertung; deine eigene Meinung ist hier noch nicht gefragt.

Vorarbeiten II

1. Mach dir klar, was die zweite Arbeitsanweisung (Erörterungsaufgabe) von dir verlangt.
2. Gruppiere die Argumente für deine Erörterung nach übergeordneten Aspekten und gliedere sie sinnvoll.

4. Achte bei der klassischen Erörterung auf eine saubere Argumentation (These – Argument – Beleg/Beispiel) und formuliere sachlich.
5. Bei einer anlassbezogenen Erörterung musst du den Kontext und die Adressaten berücksichtigen und dem Anlass entsprechend formulieren.
6. Bringe in beiden Fällen deine Position klar zum Ausdruck und runde deine Argumentation ab, gib ihr also einen erkennbaren Schluss.

Ü 22 – Analytische Interpretation

Die folgenden Ausführungen gelten für alle Textsorten.

Vorarbeiten

1. Lies die Aufgabenstellung ganz genau durch und markiere wichtige Signalwörter der Aufgabenstellung.
2. Beschäftige dich eingehend mit dem vorliegenden Text und notiere deine Beobachtungen am Rand oder auf Konzeptpapier.
3. Mache dir je nach Textsorte insbesondere Notizen zu:

   a) Inhalt und Thematik
   b) Erzählperspektive
   c) Charakterisierung der Personen; Personenkonstellation
   d) Ort und Zeit der Handlung
   e) Sprache
   f) Form

   Verwende unterschiedliche Farben, die du systematisch einsetzen kannst, beispielsweise, um Begriffe eines Wortfeldes zu kennzeichnen.
4. Stelle Zusammenhänge zwischen deinen Beobachtungen her und ordne diese verschiedenen Kategorien zu.

Gliederung

1. Der Gliederungsentwurf deines Aufsatzes muss über die Grobgliederung (Einleitung – Hauptteil – Schluss) hinausgehen. Achte vor allem darauf, einen schlüssigen Aufbau für den Hauptteil zu entwickeln.
2. Stelle anhand deiner Gliederung sicher, dass in deinen Ausführungen keine unnötigen Doppelungen vorkommen.
3. Überlege dir, an welchen Stellen du Zwischenergebnisse formulieren kannst bzw. willst.

Aufbau

1. Kennzeichne in der Einleitung den Text und nenne seine Thematik. Dabei hilft dir die sogenannte TATT-Formel (Titel, Autor, Textsorte, Thema).
2. Denke daran, dass bei der Interpretation einer Textstelle aus einer Ganzschrift auf die Einleitung eine Einordnung dieser Textstelle in den Gesamtzusammenhang der Ganzschrift folgt.
3. Im Hauptteil, dem wichtigsten Teil deines Aufsatzes, legst du deinen Analyse- und Interpretationsprozess dar. Für einen klaren Textbezug ist es wichtig, dass du alle Deutungen mit Zitaten belegst.

4. Im Schluss fasst du deine Ergebnisse zusammen. Nimm nochmals Bezug auf vorher formulierte Zwischenergebnisse. Du kannst am Ende deiner Arbeit auch eine persönliche Bewertung abgeben.

Textgestaltung/Sprache

1. Belege deine Ausführungen in jedem Fall mit passenden Textstellen. Du kannst mit einer Zeilen- oder Seitenangabe (vgl. Z. … / siehe S. …) auf eine Belegstelle verweisen.

2. Arbeite mit treffenden Zitaten und achte darauf, nach Möglichkeit das Zitieren längerer Passagen zu vermeiden. Die Angabe der Belegstelle stellst du grundsätzlich nach („[Zitat]“, Z. …).

   Versuche einzelne Begriffe, Wendungen oder Teilsätze aus dem vorliegenden Text als Zitate direkt in deine Ausführungen einzubauen.

3. Besonders wichtige Sätze bzw. Verse zitierst du, indem du diese mit einem Doppelpunkt an deinen Satz anschließt oder sie insgesamt in Klammern setzt. Dabei werden Versgrenzen mit einem Schrägstrich („/“) gekennzeichnet.

4. Deine Belegstellen und Zitate dürfen nicht selbst formulierte Gedanken oder Ergebnisse ersetzen.

5. Achte darauf, nicht in der Umgangssprache zu formulieren und möglichst treffende Verben, Adjektive und Begriffe (auch Fachbegriffe) zu verwenden.

6. Lass deinen Leser an deinem Gedankengang teilhaben. Es kann sinnvoll sein, anzudeuten, wieso du in einer bestimmten Weise vorgehst.

7. Mache dir klar, dass dein Aufsatz den Vorgang deiner Interpretation widerspiegeln soll: Mache deutlich, dass du aus einer eingehenden Textuntersuchung zu einer Deutung gelangst.

Ü 23 – Gestaltende Interpretation

Vorarbeiten

1. Bei Kurzprosatexten lies den vorliegenden Text aufmerksam und bearbeite ihn im Hinblick auf die Aufgabenstellung.
2. Bei literarischen Ganzschriften suche – sofern kein Textauszug vorliegt – entscheidende Textstellen heraus und lies nach, um dich deiner Vorkenntnisse zu vergewissern.
3. Achte dabei auf sprachliche Besonderheiten der Erzählweise oder einzelner Figuren, um diese in deinen eigenen Text aufzunehmen.
4. Werde dir darüber klar, welche Perspektive du einnehmen solltest. Dazu gehört auch, dass du einschätzen kannst, unter welchen Voraussetzungen die Figuren, in die du dich hineinversetzen sollst, sich einander mitteilen bzw. zusammentreffen, wie sie zueinander stehen und was sie zum Zeitpunkt des Schreibens wissen können.
5. Mache dir darüber hinaus bewusst, welche spezifischen Anforderungen mit der Textsorte, die von dir erwartet wird, verbunden sind (z. B. Datumsangabe bei Brief oder Tagebuch; Angaben zum Bühnenbild und Regieanweisungen bei dramatischen Texten).
6. Dies beinhaltet auch die sprachliche Gestaltung, etwa hinsichtlich Tempus oder einer möglicherweise erforderlichen Sachlichkeit bzw. emotionalen Darstellung.
7. Erstelle einen Schreibplan, der dir wie eine Gliederung hilft, deine Ausführungen sinnvoll und geordnet darzulegen bzw. keine Aspekte zu vergessen.

Schreiben

1. Berücksichtige – sofern notwendig – einen Adressatenbezug (z. B. bei einem Brief, einer Rede, einem Zeitungsartikel).
2. Gliedere deine Ausführungen durch Absätze klar und für den Leser nachvollziehbar.
3. Du kannst Teile der literarischen Vorlage für deinen eigenen Text nutzbar machen.
4. Finde ein sinnvolles Ende, das der Textsorte angemessen ist (z. B. Grußformel; Abgang von Figuren von der Bühne etc.).
5. Lies deinen eigenen Text noch einmal durch und achte dabei auf Ausdrucksweise, Satzbau, Zeichensetzung und Rechtschreibung.

Textnachweise

S. 87 f.	Heinrich Heine „Belsazar" aus: Dr. O. von Heesen (Hrsg.): „Welt des Lesens", Arbeitsbuch für den Deutschunterricht, Stam Verlag, Köln 1989
S. 103 f.	Oskar Fehrenbach „Unser Jugendkult" (Auszug) aus: Sonntag Aktuell
S. 106	Stefan Grau „Fröhlichkeit kommt nicht aus Flaschen" aus: Der Schwarzwälder am Wochenende, 21./22.7.1979
S. 107 f.	Michael Fritzen „Langeweile wuchert mehr denn je" (Auszug) aus: Frankfurter Allgemeine Zeitung, 03.06.1982
S. 109	Selma Meerbaum-Eisinger „Schlaflied für die Sehnsucht" aus: Ich bin in Sehnsucht eingehüllt. Gedichte eines jüdischen Mädchens an seinen Freund. © 1980 Hoffmann und Campe Verlag, Hamburg
S. 110	Rainer Brambach „Paul" aus: Gesammelte Gedichte. Diogenes Verlag AG, Zürich 2003
S. 111	Alfred Wolfenstein „Städter" aus: Wolfgang Rothe (Hrsg.), Deutsche Großstadtlyrik vom Naturalismus bis zur Gegenwart. Reclam Verlag, Stuttgart 1973, S. 194
S. 112	Conrad Ferdinand Meyer „Zwei Segel" aus: Theodor Echtermeyer, Benno v. Wiese (Hrsg.), Deutsche Gedichte. Düsseldorf 1972
S. 114 f.	Margret Steenfatt „Im Spiegel" aus: Hans-Joachim Gelberg (Hrsg.), Augenaufmachen. Siebtes Jahrbuch der Kinderliteratur. Beltz Verlag, Weinheim u. Basel, 1984
S. 116	Bettina Blumenberg (Rechteinhaberin und Autorin) „Lau" aus: Schreibheft, Zeitschrift für Literatur 16/81, Zyklus „Zuwendungen". Homann und Wehr Verlag, Essen 1981
S. 117	Peter Bichsel „Erklärung" aus: Eigentlich möchte Frau Blum den Milchmann kennenlernen. © Suhrkamp Verlag, Frankfurt am Main 1993
S. 118	Franz Kafka „Kleine Fabel" aus: Fabeln, hrsg. v. Therese Poser, Stuttgart 1975, S. 41
S. 119	Max Frisch „Andorra". Suhrkamp Verlag, Frankfurt am Main, 1975
S. 122	Friedrich Dürrenmatt „Der Besuch der alten Dame". Diogenes Verlag AG, Zürich 1998
S. 123	Günter Kunert „Das Bild der Schlacht am Isonzo" aus: Kunert, Der Hai. Erzählungen und kleine Prosa. Auswahl und Nachwort von Dietrich Bode. Reclam Verlag, Stuttgart 1974 (Universal-Bibliothek 9716)
S. 125	Kurt Marti „Happy End" aus: Kurt Marti: Dorfgeschichten. Erzählungen. Luchterhand Verlag, Darmstadt 1983
S. 127 f.	Peter Weiss „Der Ernst des Lebens" aus: Weiss, Abschied von den Eltern. Suhrkamp Verlag, Frankfurt am Main 1961
S. 130 ff.	Friedrich Dürrenmatt „Der Besuch der alten Dame". Diogenes Verlag AG, Zürich 1998

Bildnachweise

S. 21	Hans Kossatz „Willi und die Familie“ aus: Illustrierte Presse, Stuttgart 1957
S. 30	e. o. plauen „Wie die Jungen zwitschern“ aus: Gesamtausgabe Erich Ohser. © Südverlag GmbH, Konstanz, 2000
S. 37	e. o. plauen „Unbeabsichtigte Helden“ aus: Gesamtausgabe Erich Ohser. © Südverlag GmbH, Konstanz, 2000
S. 70	Klett-Archiv (J. v. d. Lühe-Tower)

Der Verlag hat sich nach bestem Wissen und Gewissen bemüht, alle Inhaber von Urheberrechten an Texten und Abbildungen zu diesem Werk ausfindig zu machen. Sollte das in irgendeinem Fall nicht korrekt geschehen sein, bitten wir um Entschuldigung und bieten an, gegebenenfalls in einer nachfolgenden Auflage einen korrigierten Quellennachweis zu bringen.